岩波現代全書

078

私たちの声を議会へ

GendaIzensho
岩波現代全書
078

私たちの声を議会へ

代表制民主主義の再生

三浦まり
Mari Miura

はじめに

安倍首相、私たちの声が聞こえていますか？　この国の主権者たちの声が聞こえていますか？　自由と民主主義を求める人たちの声が聞こえていますか？　人の命を奪う権利を持つことを拒否する人間の声が聞こえていますか？
［二〇一五年八月三〇日国会前抗議の寺田ともかさんの発言より］

私たちの声は、議会に届いているのだろうか。

違憲であることが明白な安全保障関連法案は、二〇一五年九月一九日に世論の理解を得られないまま強行採決により可決された。国会審議では政府答弁が二転三転し、衆参両院ともそれぞれ百回以上審議が中断する異例の事態を経て、最終的には議事手続きに瑕疵を残す形での「採決」となった。憲法に謳われた平和主義を壊すために違憲の法案が提出され、その矛盾を糊塗するために議会主義が壊されたのである。安保関連法案の内容の不備もさることながら、与党の国会軽視の姿勢、政府答弁の矛盾、首相のヤジ発言などが国権の最高機関である国会の権威を貶め、代表制民主主義に代わる直接行動の必要性を高めた。

二〇一五年八月三〇日に国会前にのべ一二万人(主催者発表)が集まった事実は、二〇一五年がまぎれもなく日本の戦後民主主義の分水嶺であることを示している。全国で夥しい数の抗議行動が起こされたこの年は、代表制民主主義の機能不全が日本人の主権者意識を呼び覚ました年として記憶されるはずである。

3・11以降の日本政府の不誠実な対応は、人びとを直接行動へと駆り立て、デモが当たり前の社会へと日本をすでに変えていた。その後、安倍晋三政権が強行に推し進めた安保関連法制の整備は、人びとの主権者意識を覚醒させ、世代を超えて、立憲主義・民主主義・平和主義を自分のよって立つ価値として改めて誓う「新しい日本人」を創り出している。

では、直接行動という形をとった人びとの声は、誰が受け止めるのだろうか。一つの政権はやがて終わりを迎え、政権党の交代もあり得るだろう。しかしながら、代表制民主主義の機能不全は安倍政権だけの問題ではなく、その終焉とともに自動的に代表制民主主義が再生されるわけでもない。国会前で叫ばれる「言うこと聞かせる番だ、俺(私)たちが」のコールの実現に向けて、主権者である私たちが代表制民主主義を立て直す方策を見出さなくてはならない。代表制民主主義を再生させるためには、その言葉通り、「代表」を中核に据えて、代表機能を取り戻させることが必要だ。

代表制民主主義の機能不全は、安倍政権が横暴な手段をとる以前から、静かに進行していた。選挙は代表制民主主義の根幹を成す重要な政治参加の機会であるにもかかわらず、投票率は低下傾向にある。二〇一三年の参議院選挙では戦後三番目に低い五二・六%であり、一四年の衆議院選挙でも戦後最低の五二・七%となった。二〇一五年の統一地方選では投票率が戦後最低を更新した選挙(自治体)も多い。また、選挙告示とともに当選が決定する無投票は市長選で三割、県議選で二割を超え、過去最多となった。こうした投票率の低さや無投票選挙の増加は、代表制民主主義がうまく機能していないことを端的に示している。

民主主義の要件の一つは「市民の要求に対し、政府が公平に応えること」にある。私たちの声が反映されていないという認識が広がっているならば、それは日本が民主主義から遠ざかっていることを意味しよう。

ＮＨＫ放送文化研究所の意識調査によると、「私たち一般国民の意見や希望は、国の政治にどの程度反映していると思いますか」という問いに対して、「全く反映していない」と回答した人の割合は、一九七三年から九三年まではおおむね一七―一八％程度であったのが、九八年に三割を超えるまでに急増し、その後も二八％程度の高い水準で維持され、二〇一三年調査では二二％だった。他方、「かなり反映している」と答えた人の割合は、一九九三年までは一三―一七％程度だったのが、九八年からは八％台で推移し、二〇一三年には一一％だった〔ＮＨＫ放送文化研究所二〇一五〕。一九九〇年代の政治改革や政界再編が人びとを置いてきぼりにし、この傾向は大筋では変わらず、かつての水準には回復していないことが見て取れる。

私たちの声を議会に届けるために、本書では「競争」「参加」「多様性」を手がかりに、政治家が人びとを代表するよう仕向けていく仕組みを考えていきたい。そのためには、そもそも「代表」とはどういう意味なのかを掘り下げ、代表の観点から政治制度や政党行動のどこに問題があるのかを明らかにし、そのうえで代表制民主主義を立て直す道筋を見出していきたいと思う。

三つ子の「赤字」

「民主主義の赤字」という言葉がある。エリートが意思決定を独占し、人びとの意向が政策に反映されていない状態は民主主義が不足しているといえ、私たちの声が政治に充分反映されていない現状は、日本が民主主義の赤字状態に陥っていることを示す。

赤字というと、財政赤字も深刻な状況である。日本政府が抱える財政赤字は二〇一四年時点でGDPの二四〇％に相当する。実は財政の赤字と民主主義の赤字は密接に関係している。社会からの多様なニーズに応えていくと公共サービスは増大していくが、それに見合った税を徴収できなければ財政赤字が発生するからだ。消費税増税のたびにそれを決定した政党は選挙で負けており、政治家は増税に及び腰である。その一方で法人税などの減税は続けられてきた。その結果、財政赤字が累積し、また税の公平性にも歪みが生じている。日本は民主主義を用いて負担の公平性を確保することに失敗した国家であるともいえるだろう。

もう一つ赤字の観点から問題にすべきは、ケアの赤字である。女性就労の進展や高齢化に伴い、育児・介護などのケアへのニーズは高まる一方であるが、ケアは慢性的に不足している。ケアの赤字を解消するためには、家庭において男女で分担するのか、福祉国家などを通じて社会化するのか、あるいは営利動機を組み込み市場化するのか、幾つかの選択肢がある。どのようにケア責任を家庭内で、社会のなかで、また国家の役割として分担するのかは、きわめて政治的なイシューである。公平で適切なケアの分担を構想していくことは、民主主義を新しく構想することでもある[Tronto 2013]。私たちが私たちの社会の構成員を気にかけ、足りないケアを分かち合う社会を創り上げることは、それ自体が民主主義の実践であり、民主主義なくしてはケアの公平な分担は実現し得ない。私たちの社会が抱える三つ子の「赤字」は、民主主義を再生させながら同時に解決していくことができるし、民主主義の再生なくしては解決できないというのが本書の問題意識である。

本書では、代表制民主主義の機能不全を代表制と代表性の観点から論じていく。代表制とは私たちを代表する仕組みであり、具体的には私たちと政策のあいだを取り結ぶ議員と議員を束ねる政党に焦点を当てる。代表性とは私たちを代表する議員が、どれだけ日本社会の多様な価値観、経験、視点を共有する存在であるのかを問うものである。人口が一億人を超える日本社会は、さまざまな考えや経験を持っている人びとから構成され、その多様性を充分に議員たちが反映していないことが、民主主義の赤字を生む一つの要因となっている。代表制／性の観点から、代表制民主主義のどこに問題があるのかを明らかにしていこう。

悲観的な予測をするのなら、日本が民主主義を捨て去ってしまうこともあり得るかもしれない。民主的な選挙の下で富と権力が集中する寡頭制が台頭しつつあることは、政治学ではすでに指摘されており、日本もその方向に進みつつあるといってよいだろう。日本社会は画一的で多様性に乏しいと感じる人が多いかもしれないが、むしろ基本的価値観の点では分裂社会の様相を呈している。一方では民主主義の根幹にある自由や基本的人権を大切に思う人びとが存在し、他方で、それらは抑制されるべきであると考え、国家の権限を強めるべきだと考える人びとが存在する。日本では自由民主主義の基本原則に関して、いまだ政治的には決着がついていないのである。さらには、世界的な寡頭制の台頭が日本においても現れており、代表制民主主義への信頼を回復しない限り、政治への無関心や無力感が民主主義の基盤を掘り崩してしまうかもしれない。

代表制民主主義を立て直す作業は、私たちが社会の根幹にどのような価値を据えるのかという問いにつながるものである。つまりは憲法に立ち戻り、憲法の価値を再発見し、そこでの規範を実現するための不断の努力が求められる。そうした長い射程を念頭に置きつつ、代表制／性の問題を考えていこう。

「競争」「参加」「多様性」

代表制民主主義を立て直すには、「競争」「参加」「多様性」のそれぞれが確保される必要があるだろう。

「競争」と「参加」はともに民主主義を基礎づける重要な構成要素である〔ダール二〇一四〕。「競争」というのは、政治が自由化され、公的異議申し立てが可能になる状態であり、つまりは政党間の競争が活発であり、政権交代が定期的に起きることが民主主義の必要条件となる。「参加」は政治への参入が包括的であることを意味する。参政権（選挙権・被選挙権）は当然のことながら、政策過程への参入、中間団体での活動、直接行動への参加も、すべて「参加」であり、これらの多種多様な参加形態が平等に保障され、また活発であることが必要である。

最後の「多様性」は、「競争」と「参加」が実質的なものとなるために不可欠の要素である。政党間の競争がいくら激しいものであったとしても、そこで異なるビジョンが提示され、有権者がオルタナティブから選択することができないのであれば、実質が伴わないからである。同様に、参加においても議員の多様性や、参加する人びとの多様性が確保されていなければ、「市民の要求に対し、政府が公平に応えること」という民主主義の要件を満たすことはできないであろう。

こうした実質を伴う政党間競争に基づいた代表制民主主義を「実質的競争型民主主義」と呼ぶことにしよう。ここでいう「競争」とは、異なる支持基盤と政治理念を体現する複数の政党が対立することを意味し、政権交代を経験するなかで、政策革新と社会的合意の形成が期待されるものである。つまり、参加と多様性が確保されてはじめて、政党間競争は実質的になるのである。

実質的競争型民主主義の下では、「責任政党政府」が形成されるだろう。有権者は形式的に似通った政党から選ぶのではなく、実質的に異なる政党（政策）から政権を選択する。選挙で多数派となった政党が政府を構成することになるが、政党政府は実質的な政権選択の結果（つまりは選挙での負託）に拘束される。さらには、代表者である議員は議会での審議を通じて、また市井の人びととの対話を重ねることにより、代表すべき内容を見出していく。そして、もし政権党が人びとを実質的に代表することに失敗したと有権者が判断したら、次の選挙で政権交代が起きることでアカウンタビリティが確保されるのである。

代表制民主主義を立て直すには、政党間競争を実質化させなくてはならない。そのためには参加と多様性を確保し、そのうえで責任政党政府を形成していく必要があるのである。この観点から一九九〇年代以降の政治改革を振り返れば、いかに改革の方向性がそこからは乖離したものであったかが理解されよう。代表制民主主義が機能不全に陥る過程を振り返りながら、競争、参加、多様性をそれぞれ強化する必要性を論じていきたい。

本書の構成

代表制民主主義の機能不全がなぜ生じ、どうしたら立て直すことができるのかを考えるにあたって、本書ではまず「代表」の意味から出発する。第1章「代表とは何か――代表制と代表性」では、代表であることと代表することをどのように民主的なものとして捉え直せるのかを考える。代表概念を命令委任、信託、当事者性の三つに分け、利益政治やアイデンティティの政治で論じられてきたことを整理しつつ、三つの代表のあり方のバランスを図る方法を探る。

第2章「政党は何をめぐって競争するのか――政党対立軸の変遷と責任政党政府」では、政党対立軸の変遷をたどる。「競争」が実質的なものになるためには、政党対立軸は明瞭でなければならない。一九九〇年代の政治改革を経て、政党本位の選挙は実現しつつあるかもしれないが、政党対立軸はむしろ不明瞭になっている。政党は人びとを代表するのではなく、国家の代理人の役割を引き受ける「カルテル政党」へと変貌しつつあるからだ。そこで政党が見失ったものは何であったのかを論じる。

第3章「参加を考える――議会の外の代表制／性」では、議会から離れ、より広い政策過程に、どのように当事者は参加してきたのか、してこなかったのかを見ていく。一九九〇年代以降、日本の政治が「合意形成型民主主義」から「多数決型民主主義」へと移行しつつあることを踏まえ、政策形成過程においてもより少数の参加者で意思決定を行う傾向が強くなっていることを明らかにしていく。それへの反作用として直接行動が高まっていることを指摘しつつ、議会の中と外を接続する代表のあり方を論じる。

第4章「「分配」と「承認」をめぐる政治」では、福祉国家に焦点を当て、それまで議論してきた実質的な政党間競争の不在がケアの分配にどのような影響を与えたかを論じる。選挙の争点にはならずとも、政党間競争のあり方と私たちの投票行動の結果は、福祉国家の形成に大きな影響を与えている。「財政の壁」があるために、分配をめぐる政党対立軸は不明瞭化し、かわって承認をめぐる対立が先鋭化している。このことが福祉国家の機能減退を引き起こし、ケアの公平な分担を困難にしている点を明らかにしていこう。

第5章「再び参加を考える――グローバル化と経済格差」では、経済的格差の極端なまでの広がりが民主主義を侵食しているという点に焦点を当てる。なぜなら、民主主義の基本的前提である市民間の政治的平等という条件が、経済的不平等によって掘り崩されてしまうからである。意味のある政党対立軸を形成するためには、格差拡大の政治的メカニズムを把握し、「財政の壁」を突破する政治ビジョンが必要であることを論じる。

最後に終章「私たちの声を議会へ」では、それまでの議論を振り返りながら、代表制民主主義を立て直すために政党と私たちは何をすべきか、どのような関係性を構築すべきかについて論じたい。

目　次

第 1 章

代表とは何か

——代表制と代表性

私たちが政治に参加するときの大前提にあるのが、代表制民主主義あるいは代議制民主主義と呼ばれる二段階の民主主義の制度である。主権者である私たちは、「代表者」を選出し、選ばれた代表者が議会で審議・採決をすることで間接的に意思決定に関与する。

こうした代表制を通じての政治参加は充分に民主的なものであるといえるだろうか。その答えは、「代表」の意味と、「民主的」であることの要件に関わってくる。私たちが充分に代表されているとみなすことができてはじめて、自ら統治するという意味で民主主義が実現するからだ。

ここでは「代表」の意味を掘り起こし、私たちと代表者との関係性を問い直すことによって、代表概念の地平を広げていこう。

1　代表とは

代表とは

代表とは不思議な概念である。政党の党首や市民団体のまとめ役を代表と呼ぶことがあるし、スポーツ選手が国際競技に出場する際には日本代表と呼ばれる。政治的な文脈で使われるときに最も浸透している代表という言葉の意味は、集団を率いるリーダーであろう。この場合の代表は多くの裁量を与えられた権威的な存在である。

実は、代表をリーダーと読み替えることは現代政治理論では稀である。代表という言葉は英語では re-presentation であり、今ここ(present)にいないものを誰か(何か)が代わって表すという意味から来ている。訳語としては、代表のほかに表象もある。直訳すれば、再現するということである。日本語における「代表」の意味も本来は西洋語の語法に近い。『広辞苑』(第六版)は「法人・団体または一個人に代わってその意思を外部に表示すること。また、その人」と定義している。代表する人と代表される人が存在することが明示されており、さらには、代表される人の意思が代表する人によって表示されることが、代表の意味だと定義されている。つまり、代表する人は勝手に振る舞うことを許されているのではなく、あくまで代表される人の意思を代弁(再現)する存在なのである。

代表制民主主義(representative democracy)は、その名前が示す通り、誰かが誰かを代表することで民主主義を営む。代表する人と代表される人の関係性をどう民主的なものとして築くかが、重要な点である。代表には党首や首相のように集団を一人の人格が代表する場合もあるが、議員のように複数で代表する場合もある。日本での議論はリーダーシップ論とあいまって前者を想定することがほとんどであり、議員がどのように有権者を代表するのかという議論はあまりなされない。民主主義は言い換えると民主的な集合的意思決定であるから、議員は代表として集合的意思決定に加わる存在である。本書で問題にしていきたいのは議員であり、議員はどのように「代表する」という行為を行っているのか、また行うべきなのかという点である。

代表概念を体系的に論じた現代の政治理論家にハンナ・ピトキンがいる(1)[Pitkin 1967]。彼女は「誰か/何かを表すこと」(standing for)と「誰か/何かのために行動すること」(acting for)とを区別する。代表「である」ことと代表「する」こととの違いともいえるだろう。

「誰か/何かを表す」という代表のあり方には、描写的な代表と象徴的な代表が含まれる。描写的な代表とは、議会が社会の縮図であるような状況であり、代表者は社会を写す鏡のような存在であることを求められる。ここでは、どのような属性を持った人物であるのかが重要になってくる。象徴的な代表とは、描写的な類似性は必要がなく、ただ人びとが象徴であると信じられるのであれば(例えば国旗や象徴的君主など)、象徴的代表として成立する。

他方、「誰か/何かのために行動する」ということは、代表者は代表される人びとの利益に適った行動を、代表される人びとの求めに応じつつ、行うことである。これは「実質的代表」と呼ばれ、代表者は独立して判断を下すものの、代表される人びとの意向と齟齬をきたさないものとされる。

代表すべき利益が一義的に定まらない場合は、代表者にはどの程度の裁量が認められるのか、その行動が人びとの利益に適ったものであったかを誰がどのように評価するのか、といった問題が浮上する。

日本では一九九〇年代以降、選挙制度改革を中心に政治改革の必要性が叫ばれたが、そこでの議論は実質的代表の中身を問うものではなかった。むしろ、強いリーダーを求める声が政界や財界を中心に大きくなり、強いリーダーこそが民意を代表すると期待された。民主主義における強いリーダーには、民意の圧倒的支持を得ていることが求められるため、強いリーダーシップと民主主義は対立するものとは捉えられていなかったのである。

他方、政治参加の回路が閉ざされていることへの不満も有権者のあいだに充満していた。意味ある選択に関与できることへの欲求は強かったと見てよいだろう。二〇〇〇年代前半に盛んに論じられた首相公選制は、強いリーダーへの希求と有権者の選択できることへの欲求を同時に叶えるものであった[早川二〇一四]。また、二〇〇九年の民主党政権誕生時まで盛り上がりを見せていたマニフェスト選挙も、同様の期待を背負うものであった。マニフェストはまさしく有権者の選択への欲求に応えるものであり、さらにはマニフェスト作成過程を通じて政党の求心力が強まるという意味で、強いリーダーシップ論とも適合的だったのである。

（1）　ピトキンの代表論について論じている日本語文献としては、早川[二〇一四]や小川[一九八六、一九八八]がある。

こうした議論から漏れていたのは、どのように人びとの多様な声をすくいあげるのかという視点であった。政治が直面する現在の複雑な問題状況を前提とすれば、民意が一定方向に圧倒的支持を与えることは想定し難く、そのような状況が権力側の政治的操作なしに出現することはほぼないであろう。民主的であるとは人びとの多様な声を反映することであるならば、問われるべきは、誰が代表者であるべきかであり、そして代表者はどのように代表するかであるはずである。

三つの代表概念

代表「である／する」ということを、もう少し整理してみよう。代表というのは、ここにいない誰かを誰かが代わって再現するのであるから、代表する人(代表者)と代表される人との関係性が焦点である。ピトキンの代表論を基礎として、今日では代表概念を三つに区分することが一般的である。まずはこの三区分から出発することにしよう[Vieira and Runciman 2008]。

① 代表者は何をすべきかを指示される(命令委任、代理人)
② 代表者は何をすべきかを判断する(信託、受託者)
③ 代表者は何をすべきかを映し出す(当事者性、当事者)

最初の「代表者は何をすべきかを指示される」というのは、命令委任の関係である。代表される人の同意を得て、その利益の実現のために、代表者が代理人として振る舞う関係性である。代理人は代表者の同意を超えて、また利益に反して、代弁することは許されない。弁護士と依頼人の契約関係に相当するものである。

次の「代表者は何をすべきかを判断する」関係性とは、代表者が代表される人のことを考え、何を代表すべきかを解釈し代弁することを指す。代表者の解釈と代弁を通じて、はじめて代表される事柄が明瞭になるという意味で、信託といえる関係性である。ここでは、代表者は代理人ではなく、受託者となる。この関係性は命令委任との対比で、自由委任や独立委任と呼ばれることもあるが、混乱を避けるために本書では信託と呼ぶことにしよう。

最後は、代表者に代表される人を映し出すことが求められる関係性である。ここでは、当事者性が重視され、代表者自身が当事者であるか、少なくとも当事者性を帯びていることが求められる。具体的には、性別、人種、宗教などの属性においてその属性を有しているか（描写的代表）、または代表しているとみなされること（象徴的代表）が必要である。

この三つの代表のあり方は相互に対立する点を含んでいるように見える。代表者が何をすべきかを指示される命令委任関係と、代表者が何をすべきかを自ら解釈する信託関係とでは、代表者と代表される人の主導権は明らかに異なる。命令委任関係であれば、代表される人が代表者に権限を与え、その権限行使は限定的であるのに対して、信託関係では、代表者は代表される人の利益を拡大解釈し、時には逸脱してしまうかもしれない。

この委任と信託（独立）との対立は代表をめぐる議論に必ずつきまとう。しかしながら、両者を二者択一的に捉える必要は必ずしもないのである。

憲法四三条は「両議院は、全国民を代表する選挙された議員でこれを組織する」と規定する。これは命令委任の禁止、自由委任の原則(本書の言葉では信託)と解釈するのが一般的である。命令委任関係はある意味ストレートに民主的な代表を意味しているように見えるかもしれない。しかし実際には、国民がすべての政策案件に関して指示内容を出すわけではなく、常に代表者による解釈の余地は残る。そもそも議会での審議に先立ち、代表すべき内容がすでに決定されているのだとしたら、それは政治という営みの否定であり、議会制を用いる意義もないということになろう。他方、信託という行為の意味を全権委任に置き換えてしまうと、代表者の逸脱行動を防ぎようがなく、それはもはや民主主義とは呼べない事態に陥る。代表者が自らの判断を優先させるなら、それはエリート主義となり、逆に世論を追認するだけなら迎合主義との批判を受けるだろう。したがって、重要な点は、命令委任なのか信託なのかを二者択一的に捉えるのではなく、「実質的代表」のあり方を問うていくこと、代表する内容を審議や対話を通じて見出していくことなのである。

代表者がどのような人であるかも、重要な点である。ここでは代表する人の属性が問題になるので、「代表制」ではなく「代表性」の問題となる。性別を例にとると、女性の声は同じ女性によって代表されるべきだということになる。性別に限らず、社会階層、世代、人種、エスニシティ、宗教、地域、ネイション、性的指向など、私たちの政治的アイデンティティを形成するさまざまな要素に関しても、当事者性が問われてくる。しかしながら、ここでは、同一のアイデンティティを有していたら同一の選好を持っているといえるのかという問題が生じる。代表である者がどのように代表するのかは、別途問うていかなければならないからだ。当事者が代表するからといって、そこで民主的な代表が完結するわけではないのである。
そこで、次節以降では三つの類型について掘り下げながら、相互の関連性や補完性を探ることにしよう。

2　代表することとは

本人‐代理人関係とマニフェスト

代表者が何をすべきかに関して私たちが指示することのできる命令委任関係は、一定の支持を得ている関係性といえる。選挙で選ばれた人がまるで全権委任でもされたかのように振る舞う事態を目の当たりにすれば、有権者が手綱を引き締めたい気持ちになるのは当然である。政府が民意に応答的に振る舞うよう促すために、選挙に契約概念を持ち込み、政府の行動を牽制するというわけである。

政治学においては、この代表概念はしばしば「本人‐代理人関係」という言葉で表される。「代理人」という言葉が端的に示すように、「本人」(有権者)は自分の意向(利益や選好)を実現させるために代理人(政治家)に依頼する。代理人は本人の利益に適うよう行動することが求められているはずだが、実際には勝手な行動をしかねない。本人と代理人のあいだに情報の非対称性がある場合は、なおさら代理人の逸脱行動を監視したり防いだりするためのコストがかさむ。したがって、本人‐代理人関係としての代表制にはアカウンタビリティが確保されなければならない。アカウンタビリティは、代理人が自らの行動に関する説明義務を負い、そして本人の利益を実現できなかった代理人は次の選挙で落選という懲罰を受ける、という二つの側面からなる(2)。

民主党が二〇〇〇年代に展開したマニフェスト選挙も、この本人‐代理人関係を実現する装置として考えることができるだろう。代理人(政治家)の逸脱行動を防ぐためには、「本人」(有権者)が細かい指示書を書くことが有効であるからだ。マニフェストはこの指示書に相当する。作成者は代表者である政党の側だが、選挙で有権者に選ばれると、政党が作ったマニフェストは有権者からの指示書に転じる。指示から逸脱した行動は裏切りと捉えられ、有権者から懲罰を受けることになるのである。

マニフェスト選挙を仕掛けた民主党は、実際に政権に就いてからはマニフェストの目玉政策のいくつかを実現できず、「マニフェスト違反」の批判に晒された。民主党に対する批判の大きさは、裏を返せばマニフェスト選挙への有権者の期待が大きかったことを物語る。マニフェストという言葉が定着する以前は、選挙公約といえば大まかなものであり、また守られるものでもないというのが通常の理解であった。具体的政策を書き込み、政党が本気でその実現に責任を持つ姿勢を見せたマニフェスト選挙そのものが、そこで謳われた内容だけではなく、有権者の支持を得たといえるだろう。だからこそ、マニフェストを実現できなかった民主党への失望感が強かったのである。

マニフェストは確かに指示書と読み替えることができるが、選挙の時に示されるマニフェストや選挙公約のなかから「選択する」ことだけが有権者に与えられた役割なのだろうか。そもそも人びとが求めているものはマニフェストに充分に汲み取られているのか、どの政党のマニフェストにも盛り込まれていない政策を求めている人はどうしたらよいのか、同様に政権党に投票しなかった有権者の意向は無視されてよいのか、といった疑問が湧いてくる。たとえ政権党がマニフェストを十全に実現したとしても、このようにこぼれ落ちるものが出てきてしまうのである。さらには、選挙後に情勢が変化し人びとの意向が変わったとしても、選挙時の約束に拘束されるべきなのかという疑問も湧く。

そうであれば、代理人あるいは契約という関係性は、民主主義における代表を考える際には、限定的な有用性しか持ち得ないことが分かる。「本人」が複数いる場合、それも膨大な人数を含み、人びとのあいだで利害対立や価値観の相違があるなか、どうやって「本人」の指示内容を確定していくのか。政党は社会における複雑な利害対立をまとめあげる「利益集約」という機能を担っているが、その段階ですでに命令委任関係を逸脱し、解釈を行う信託関係に入り込むのである。

「人びと」とは誰か？　「何を」望んでいるのか？

ここであらためて、代表される人びとのことを考えてみよう。人びとを日本語で何と呼ぶかは、実は頭の痛い問題である。英語であればpeopleを用いるところであるが、日本語では国民、市民、

(2)　日本政治を本人-代理人関係から論じた嚆矢は、ラムザイヤーとローゼンブルス『日本政治の経済学——政権政党の合理的選択』(弘文堂、一九九五年)である。政治学のスタンダードな教科書である久米郁男ほか『政治学』(有斐閣、二〇〇三年初版)においては、中心的分析概念として取り扱われている。

人民など類似の言葉があるものの、どれもしっくりとこないからだ。国民は、あくまで国民国家という単位を前提とした概念であるし、また国家が国民を創り出す側面を強く想起させる言葉である。他方、市民という概念は、市民が社会契約を結び、国家を創成するという社会契約論的な市民と国家との関係を表したい場合には適切であるが、同時に市民はブルジョワジーを想起させる言葉であり、意味内容としても市民としての権利が付与された存在に限定される。有権者だけを対象とするならば市民でもよいかもしれないが、民主政において考慮されるべき人びとは、必ずしも市民だけに限られない。社会に共生する外国籍または無国籍の人びとや、まだ生まれていない次世代の人びとのことも私たちは考慮に入れるからだ。人民はpeopleに最も近い言葉であるが、集合的同一性を前提にしているため、社会の多様性に関心を払う本書の立場とは相容れない。

そこで本書では、国家権力との関係を念頭に置きながら、その権力の源泉ともなり、また抑圧の対象ともなる存在として、「人びと」という言葉を用いることにしたい。それは、文字通り雑多な人びと――マルチチュード――である。

命令委任関係においては、契約が履行されるのか、つまり実際に代表者が指示書通りに動くのかが焦点となるが、そもそも指示書が正しく人びとの意思(民意)を反映しているのかが問題になることはすでに指摘した。

本人‐代理人関係によって代表を捉えるためには、「本人」の意思が確認されなければならない。人びとが明確には意思表示していない場合は、どうしたらよいのだろうか。数多《あまた》の政策課題に関して人びとの意思が明確であることのほうが珍しいだろう。あるいは、個別争点に関して人びとの意思が比較的はっきりしているとしても、争点のあいだでどのように優先順位をつけていくのか、二律背反するような要望にどのように折り合いをつけるかなどの問題も出てくる。

そこで、「本人」の意思は、政党が「利益集約」することで整理をつけ、限られた選択肢のなかから人びとが選択するという手順を踏むことになる。すべての人びとが同じ選択肢を選ぶとは考えられないため、ここでは多数派の意思が「本人」の意思と読み替えられることになる。

自民党の長期政権が続き、政権交代の経験がわずかしかない日本においては、選挙において選択できることの魅力は大きい。まして公約を破るのが当然のような政治文化のなかで、有権者が契約関係として政権党を統制できることは民主的であると捉えられるだろう。約束を破った政党／政治家を次の選挙で落選させるというアカウンタビリティを効かせることは、代表制民主主義を機能させるために不可欠である。

しかしながら、政党／政治家が約束を守ったかどうかだけが、私たちが考慮すべき規範ではない。そもそも政党が行う「利益集約」がどの程度包括的であるのか、という問題がある。そこから漏れ落ちる人びとがいないとは言い切れないだろう。さらには、情勢が変化し、選挙と選挙のあいだに人びとの意思が変わる事態にどのように対処すべきかという問題もある。また、実証研究においても、人びとは投票の際に政党の約束を比べて投票するよりも、過去の実績を判断して投票する業績評価投票を行っているという指摘もある。

ジェーン・マンスブリッジは、命令委任か信託かという論争自体が代表制の一形態しか見ていないと批判し、「約束に基づいた代表」だけではなく、「予想に基づいた代表」など複数の代表概念へと視野を広げる必要性を説く[Mansbridge 2003]。実際、私たちが見聞きする政治家の言動は、「予想に基づいた代表」そのものである。政治家は次の選挙で有権者がどう判断するかを考え言動しており、過去の選挙での約束はあまり気にしていないように見えるからだ。こうした過去の約束を容易に忘れる政治家の言動を批判することも大切であるが、代表制の観点からは、「予想に基づいた代表」も代表のあり方の一つであることを前提に、私たちの民主的規範を広げていく必要があるだろう。

人びとの意思が必ずしも明確でなかったり、可変的・流動的であったりするとき、「人びとの利益」の内容を代表者と代表される人びとが対話を通じて相互に見出していく必要があるのではないだろうか。そのとき代表者に求められるのは、人びとの利益を「集約」するだけではなく、「熟議」を通じてそれを見出していくことである。ここでは、両者のコミュニケーションの質が何より重要だ。自由で、対等で、合理的または理性的なコミュニケーションほど、質が高いということになる。つまりは、政治参加は投票だけにとどまらず、むしろ選挙と選挙のあいだに、どれだけ質の高いコミュニケーションがとれたのかという観点から、政治参加の機会を広げ充実させていく必要があるのである。

特殊利益と全体利益、組織票と未組織票

代表を契約関係として捉えることの限界は、特殊利益の存在を考えるとさらに明確になる。ある利益団体とその支援を受けた政治家との関係は、指示内容が明確であるから、本人–代理人関係に

近いものになる。政治家が特定の圧力団体の利害を代弁することは、なかば政治の常態となっているが、民主主義の観点からは当然ながら問題をはらむ。金銭の授受があれば贈収賄に相当するが、実際には果てしないグレーゾーンが広がっている。

政治献金が認められている以上、個人であれ企業であれ、自分の利害や価値観を代表してくれる人に献金を行うことができる。そこでは、陳情もなされるだろう。献金を受け取った政治家が陳情通りの政策実現に向けて権力を不当に行使すれば贈収賄になるが、献金を受け取るのも、陳情を受け付けるのも、また政策実現に向け発言したり調整したりするのも、政治活動の一部である。

しかしながら、政治家が特殊利益の虜となってしまっては、全体の観点からは歪んだ政策判断が下されることになる。もし多様な利益団体が作られ、お互いに牽制し合うことが可能となれば、対立する利益のあいだの均衡が図られ、特殊利益の虜という問題は解消されるかもしれない。これは「多元主義」という考え方であり、いわば毒をもって毒を制する処方箋である。

では実際に、多元主義はどの程度効果をあげてきたのだろうか。一九八〇年代には、日本においても日本なりの多元主義が形成されているという見解が多く出された(3)。「日本なりの」という意味は、多元主義と言い切るには官僚による仕切りが存在し、また野党系列の利益団体は政権交代がないために不利な立場に置かれていたことに留意するものである。

日本を多元主義と捉える見方は、官僚支配と多元主義を対比させ、多元主義である日本の民主主

(3)　第3章注1を参照。

義を好意的に評価するものであった。ところが、一九九〇年代以降になると、日本の多元主義は利益誘導政治であるとして、むしろ否定的に捉える傾向が強まった。多元主義のなかで実際に吸い上げられている声は一部の特殊利益でしかなく、その結果、衰退産業が保護され成長産業に負担が重くのしかかっているという見方が出されるようになったからである。[4] この頃より、利益媒介のあり方から強いリーダーシップ論へと問題関心の軸足が移るようになる。日本は官僚支配の国であるとの問題認識がふたたび提起され、「政治主導」を求める声が高まっていった。[5] 同時に、特殊利益を「既得権益」であるとして攻撃するポピュリズムの政治も広がり、日本型多元主義への否定的な捉え方が広く浸透していったのである。

日本型多元主義否定論が影響力を持つようになった背景には、多元主義本来の毒でもって毒を制するバランス構造が構築されず、一部の毒が蔓延したという認識が共有されたことがある。多元主義が想定する均衡が実現されなかったのは、組織化されやすい利益とされにくい利益があり、組織を形成している人びとはそうでない人びとよりも有利な立場に立つことができるからである。

では、どのような利益が組織化されやすいのだろうか。共通の利益のために組織化しようとしても、負担をせずに便益だけ受けようとするフリーライダー(ただ乗り)が発生する[オルソン 一九九六]。皆がフリーライダーになろうとすれば、組織化は不可能となる。したがって、一般的にフリーライダーが出にくい利益ほど、組織化に成功するといえるだろう。フリーライダー問題を乗り越え組織化に成功するには、費用または便益が集中していることが鍵となる[Wilson 1980]。業界団体を結成することによって得られる便益(例えば補助金の確保)は当該業界にのみ集中している。誰がフリーライダーとなり業界団体運営の費用を払わないのかがすぐに分かるような狭い関係性のなかでは、フリーライダーの発生は抑制される。逆に、消費者のように消費者問題に対して利害を共有していても、例えば適正な安全規制がとられないことによる費用（不利益）は広く分散してしまうため、フリーライダーは防ぎようがなく、組織化は難しいのである。

待機児童問題を手がかりに

組織化することで得られる便益がどの程度集中／分散しているのかは、組織票を考える際に最も重要な要素である。このことを都市部で問題となっている待機児童問題を例に考えてみよう。

待機児童の発生は保育所を見つけられない親にとって共通の問題である。保護者が団体を結成し、保育所拡充を求めて行政に働きかけたら、待機児童問題の早期解決につながるであろうが、実際には保護者の組織化の動きは速いものではない。例えば、二〇一三年の春、東京の杉並区では希望者の三分の二にあたる約一八〇〇人の子どもが入所できず、保護者（曽山恵理子さん）が「保育園増やし隊@杉並」を立ち上げ、行政不服審査法に基づき自治体へ異議申し立てを行った。同様に、足立区、大田区、中野区などでも、保護者が集団で異議申し立てを行った。こうした動きが出てきた背

（４）　山口［一九八七］は、多元主義的な政治が妥当するのは一部の政策分野であると指摘した。もっとも、日本型の多元主義を資源配分の合理性の観点から否定的に捉える言説は、政治学者よりも経済学者が主導してきたと思われる（例えば青木・奥野・岡崎［一九九九］など）。

（５）　政治主導の必要性を理論的に論じたものとしては、飯尾［二〇〇七］が代表的である。

景には、保育所を見つけるという保護者の共通の利益を基盤として恒常的な組織を作りにくいことがある。

保育所が見つからないという事態に直面するのは、出産をして入所申請の結果が届いてからである。子どもの預け先が確保できなければ復職できないので、まずは別の預け先を求めて奔走することになり、無認可などの保育所から認可保育所へ移りたい場合は、そのまま無認可にとどまることになる。このことが毎年毎月繰り返されているが、保護者たちは自らが退職することを含めて何らかの代替手段を見つけて日々の生活を回していかなくてはいけない。行政への異議申し立ては止むに止まれずの行動であり、保育所へのニーズがあるだけでは政治的行動には結びつかないのである。

行動を起こすには集団(保護者)が自分たちの目標を定め、役割を分担し、作業を遂行する能力を持てるかどうかが鍵となる。こうした集団での行動(集合行為と呼ばれる)を可能にするには「政治企業家」の存在が大きい。動機はいろいろあるにせよ、組織化のコストを負担することを厭わない、曽山さんのような「政治企業家」が出てくることで、共通の利益で結ばれた人びとが集団としてまとまりを持ち、政治的な声を獲得することができるようになる。

ただし、待機児童の保護者というカテゴリーは恒常的ではなく、問題の解決や子どもの成長に応じて当事者は常に入れ替わるという特性を持つ。満足していないとしてもとりあえず解決した問題に対して、改めて組織を結成しアクションを起こすインセンティブは乏しい。このようなライフサイクルの一局面に集中する問題で、時の経過とともにいずれは当事者ではなくなる政治課題について組織化を成功させるには、相当の困難を伴うのである。

利益集団や組織票は、政治学の教科書をひもとけば必ず出てくる政治の基本的な構図である。利益政治の偏りをただす方策として多元主義に依拠するのであれば、未組織の利益をどのように組織化できるのか、つまりは組織化戦略が最大の課題となる。しかしながら、利益が拡散していたり、利益を享受する主体が常に流動的な状況では、組織化は難しい。つまり、組織化しやすい利益と組織化しにくい利益は、構造的に規定されてしまっているのだ。組織化しやすい利益は常に政治的に優位に立ち、そうでない利益は恒常的に排除される。

組織利益と未組織利益の不均衡は、政治的平等と相容れるものではない。民主主義の要件である「すべての人びとの要求に対し、政府が公平に応えること」に抵触するのである。組織化の不均衡を解消していくためには、競争、参加、多様性のそれぞれを強化することで、さまざまな参加形態が可能となる民主主義を構想していく必要があるのではないだろうか。先に代表者と代表される人びとのあいだのコミュニケーションの「質」が重要であると述べたが、そうしたコミュニケーションの「場」が拡充していけば、未組織利益の代表も改善されていくだろう。熟議において重要なのは、数の力ではなく説得力であるからだ。

3 代表と当事者性

アイデンティティの政治

人びとが政治に関わるとき、それは個別の特殊利益の実現だけではなく、アイデンティティの表出として行われることがある。ここでの集団の境界線は共通の利害ではなく共通のアイデンティティである。アイデンティティとは自分は何者であるかに関する自己規定であるが、政治的に問題となるのは、自分が自分自身をどのように規定するかという政治的主体性よりも、他者が自分をどのような目で見つめ規定するのかということが多い。私たちはさまざまなアイデンティティを複合的に持ち合わせているが、他者からの視線が否定的な意味合いを帯びるとき、そのアイデンティティは政治的意味合いを強化させるからだ〔テイラー一九九六〕。差別されたり、社会的なスティグマを押されたりするような属性をめぐって形成されるアイデンティティは、政治を通じてその正当な地位の回復を試みる。

アイデンティティの政治は、このように劣位に置かれたアイデンティティを有する人びとがその「承認」を求めて起こす政治として始まった。利益政治が財の「分配」をめぐって繰り広げられることを考えると、承認と分配という異なるダイナミズムの政治が存在しているのである〔フレイザー二〇〇三〕。

アイデンティティの政治は先進民主国においては、マイノリティの権利擁護、承認獲得として無視できない動きを見せている。古くはアメリカの公民権運動、フェミニズムが求めた性的自己決定権、最近ではＬＧＢＴ（レズビアン・ゲイ・バイセクシュアル・トランスセクシュアル）をめぐる法整備（例えば同性婚やパートナーシップ制度）などは、国内政治の先鋭化した争点となっている。ある特定の集団を社会／法的に承認することは、結果的に予算の分配を伴うこともあるかもしれないが、ここで争われているのはあくまで承認である。

マイノリティの権利保障運動として隆盛を見ることになったアイデンティティの政治は、近年ではむしろマジョリティの権威回復運動としても展開している。マジョリティの側がそれまでの圧倒的優位性が脅かされることを危惧し、相対的な意味で劣位に降下することを回避すべく、権威回復の道としてネイションへの帰属意識を強調するのである。排外主義や人種差別と背中合わせであるが、マジョリティもまた承認欲求が満たされていないと感じるとき、こうしたアイデンティティの政治に与するのである。

したがって、アイデンティティの政治は、差別からの解放をもたらすものであるのか、それとも差別を助長するものであるのか、運動の担い手と政治目標によって異なる方向性で展開しているのである。

日本においては、マイノリティのアイデンティティの政治が永田町の表舞台に出ることは少ない。あくまで利益政治の枠内で処理される案件がほとんどであるが、例外的ともいえるのが沖縄である。米軍普天間飛行場の辺野古への移設をめぐり、沖縄県民は激しく抵抗を続けている。二〇一四年一二月の知事選では反対派の翁《お》長雄志《ながたけし》が当選し、続く総選挙では沖縄の四つの選挙区すべてにおいて反対派の議員が当選した。保革の枠を超えて反対派知事・議員への支持が集まったのは、これが本土から差別されている沖縄の尊厳と承認をめぐる、まさにアイデンティティの問題として捉えられたからであろう。この沖縄の民意に対して、安倍晋三政権は補助金を減らすという利益政治の枠組みで対応し、辺野古新基地建設を断行しようとしているが、アイデンティティの問題となっている以上、従来のように利益分配によって反対を封じ込めようとすること自体が尊厳を踏みにじる行為となる。

アイデンティティの政治は、利益政治と異なり金銭的妥協では解決に至らないため、問題の長期化、膠着化、先鋭化をしばしば伴うことになるのである。

理念の政治、存在の政治

利益政治では、その利益が代表されるためには集団が組織化される必要があった。利益共同体は組織の代表者を通じてその利益を表出させることになる。代表者は所属する集団の代理人として振る舞うことになるが、集団と代表者との関係が契約関係に近いものとなる理由は、代表すべき利害が比較的明確だからである。

アイデンティティの政治では集団は必ずしも組織化されない。ここでの代表は象徴的(シンボリック)である。例えば、薬害の被害者たちはその薬害の被害を受けているという点で集団を成すが、組織を結成していない状態であっても、みなが代表と見なす人物が現れる場合がある。この時、誰が代表となるかは、たまたま同じ薬害の被害を受けたという経験による。その集団を代弁できる資質があるかどうかとは関係なく、共通の経験をしていることが代表の条件である。

このことをアン・フィリップスは「理念の政治」と「存在の政治」との対比として捉えた[Phillips 1995]。理念の政治とは、政治家が特定の理念や政策志向を代表し、選挙において有権者は自分の理念に近い政党に一票を投じる政治のあり方である。それに対して、存在の政治では代表者は代表される集団と共通の属性を持つことが必要とされる。つまりは当事者性が重視されるのである。

アイデンティティの政治において代表は当事者性が求められるため、いくら理念で共鳴しても属性が異なる人物が代表することは意味をなさない。先の沖縄基地問題でいえば、辺野古新基地建設に反対する本土の議員はいくらでもいるだろう。しかしアイデンティティの表出となれば、代表はうちなんちゅー(沖縄の人)でなければ意味がない。そこで問われているのは理念の政治ではなく、存在の政治だからだ。

アイデンティティの政治で特に問題になる共通の属性とは、人種、ジェンダー、エスニシティなど、生まれもって帰属が決められ本人の意志では変えることのできないカテゴリーである。集団の境界線は固定的であり、時には排他的でもある。ある社会で劣位に置かれた属性を持っている人びとは、その属性を核にアイデンティティを形成し、社会に異議申し立てを行う。しかし、同じ属性を有する人が必ずしも強固に同じアイデンティティを育むとは限らない。負の属性にしがみついて集団としての承認を得るよりも、その属性を捨て去り個人として成功を収めることを望むかもしれない。女性にしても黒人にしても、まるで男性や白人のように振る舞うことは決して珍しくない。また、私たちは常に複合的な属性を有しており、女性というアイデンティティは共有しても、社会階層が異なるがゆえに異なる経験をすることはむしろ普通である。

このように考えると、利益政治において組織の形成が重要であったように、アイデンティティの政治においてはアイデンティティの形成そのものが鍵となることが分かる。そのアイデンティティはマイノリティの権利擁護の場合、劣位のアイデンティティであり、抑圧や差別からの解放を求めて、政治的に表出されることを望むアイデンティティである。しかしながら、その集団に属する人びとが全員、そのような政治的解決を求めているとは限らない。差別の存在を受け入れた上で仲間とともに政治的に闘うのか、それとも差別を迂回する戦略を個人として取るのか。アイデンティティ集団が形成される過程において、アイデンティティそのものの形成をめぐっての政治が繰り広げられるのである。便益の集中／分散が組織化のしやすさを規定したように、ここでは差別の認識の程度がアイデンティティ形成のしやすさを規定していると考えてよいだろう。

アイデンティティ集団の形成においてもう一つ重要な要素は、アイデンティティの複合性と交差性である。差別はしばしば複合的に重なり合い、また交差する。ジェンダー、社会階層、民族、障がい、健康、学歴、職業、性的指向など、社会にはさまざまな差別の要素が存在し、ある領域では差別される対象でありながら、他の領域では差別する側に立つことは稀ではない（つまり交差する）。ある民族的なアイデンティティが政治的に表出されるとき、その集団内部における女性差別は覆い隠されるかもしれない。民族的なアイデンティティに基づく政治的権利の獲得運動は、集団内部における女性に対する抑圧構造の解消にはつながらないであろう。女性で、障がいを抱え、貧困に陥り、移住者である場合は、実に複合的な差別を体験することになるが、こうした複合的な差別は単一の差別構造のなかでは往々にして見えないものとなってしまう。より複合的で、より見えにくい差別は、同一の差別を共有する人びとの範囲を狭め、アイデンティティの政治として表出することさえ叶わないかもしれないのである。

当事者性――女性は女性を代表するのか

存在の政治において、代表者は当事者であることが求められた。描写的な代表である場合、それは当事者でなければ意味をなさない。しかしながら、実際の政治的な意思決定において、描写的な代表だけではすまない。意思決定に加わる以上、どのように代表するのかという判断が伴ってくるからだ。

例えば、予算配分や立法などの具体的な局面において、代表者は賛否を明らかにする必要に迫られる。態度を決定するにあたって、その政策が代表される人びとにどのような影響をもたらすのかを考慮することになろう。政策は往々にして細部が重要である。細部がどのように設計されるかによって、相当異なる影響が出てくるからだ。ならば意思決定のその場に当事者が入り、細部に至るまで目を光らせ自分たちへの影響を監視していかなければ、不利な決定を避けることはできない。だからこそ、当事者であることが代表の重要な条件となるのである。

当事者性を強調するということは、同じ属性や共通の経験を持っていれば、みな同じように考えるであろうという前提に立つことを意味する。しかし、この想定はどこまで現実味があるだろうか。当事者でなければ気づかないということは確かにあるかもしれないが、しかしながらどの当事者であっても同じように気づくとまではいえないだろう。

では改めて、なぜ当事者でなければならないのだろうか。

女性の例で考えると、当事者性だけでは語れないことはすぐに分かる。女性たちは妊娠・出産やケアに従事するなどの共通の経験を一定程度は持つ。また、社会には性差別が存在し、女性たちの声は周辺化されてきた。しかしながら、女性のあいだで経験の開きは大きく、また受け取り方も異なる。女性たちは多様であり、必ずしもまとまりを見せるとは限らない。女性たちが共通の「利益」を有している場合――例えば女性に対する暴力の根絶――もあるが、階級利益の面では一致しないことも多い。このように考えると、女性議員は女性の利益を代表するとまではいえず、逆にすべての女性が納得できる女性に共通の利益となると限定的にならざるを得ない。また、当事者でなくとも、抱える問題に共鳴し理解を示すことは可能だ。とりわけ当事者が複合的差別の下に置かれ、声をあげにくいのであれば、外部の人間が代弁することも必要だろう。

ならば、女性たちの声は女性にしか代表できないという根拠はどこに見出せるのだろうか。女性の利益を代弁する理念の政治であれば、代表は女性でなくても構わないかもしれないが、女性でなければならないのは、そこに存在の政治が折り重なるからである。だからこそ、当事者である必要が生じる。

もし女性に固有の共通利益があることを重視すると、実は逆に女性が代表することの意義がなくなってしまう。女性の利益が自明であるなら、誰がそれを代表するかは関係がなく、男性の代理人に委任することも可能になるからだ[Phillips 1998]。したがって、女性の利益が固定的ではなく、状況によって可変的であり、女性のあいだでも捉え方に広がりがあるからこそ、女性が女性を代表する必要性が生まれるのである。何が女性の利益なのかを、代表する女性と代表される女性たちとのあいだのコミュニケーションを通じて見出していく必要があるのだ。

実質的にどのように代表すべきかは、自身が女性であることから機械的に見出されるわけではない。女性の利益が自明でも確定的でもないとしても、それでもなお、女性に共通する何かはあるのである。それは対話を通じて見出されるものであるが、ではなぜ、最初から女性という括りから出発しなければならないのだろうか。それは、私たちは性別によって、社会において異なる位置づけを与えられており、異なる身体的経験を持ち、異なる社会的な知識を有しているからである。アイリス・マリオン・ヤングは、こうした社会における位置づけに由来する相違を「社会的視座」と呼ぶ[Young 1994, 2003]。女性たちは「社会的視座」を共有するが、必ずしも共通の利益やアイデンティティを持つとは限らない。

「女性が女性を代表する」ことの意義を、このように契約関係から解き放つことは、本質主義に陥らないためにも重要である。本質主義とは、ある属性の特性は本質的にこうであると決めつけることであるが、女性に女性を代弁させようとすると、女性とはこういうものであるという本質主義に陥る危険が出てくる。女性は本質的に女らしく、つまり優しく、慈愛に満ちて、他者に共感するといった特性を持つ、といった考え方である。「女性の視点」という言い方も、本質主義として捉えれば女性固有の女らしい視点という意味になり、固定的性別役割分担を前提とすれば主婦の視点となる。しかし、ヤングのような「社会的視座」から捉えるのであれば、社会における女性の位置づけられ方が女性としてのまとまりをもたらしていることになる。ここで重要なのは、視点の具体的中身は充分に論争的であることである。さらに踏み込んでいえば、女性の視点とは何かについて論争すること自体が重要であり、女性の視点が何を意味するかを固定的に定めることはできないし、またその必要もないということである。

4 代表制／性の新しい地平

純粋代表か半代表か、集約か熟議か

ここで今一度、国民代表の意味について考えてみよう。憲法四三条で「両議院は、全国民を代表する選挙された議員でこれを組織する」と規定しているように、国会議員は「全国民を代表する」存在である。また、前文においては「日本国民は、正当に選挙された国会における代表者を通じて行動し」と規定し、「そもそも国政は、国民の厳粛な信託によるものであつて、その権威は国民に由来し、その権力は国民の代表者がこれを行使し、その福利は国民がこれを享受する」と定めている。

本書ではここまで英語圏における政治理論の議論を手がかりに論じてきたが、日本において、代表についての議論はフランス憲法学の議論を拠り所に展開されてきた(6)。ここでの争点は「純粋代表制」と「半代表制」の対立である。

純粋代表制とは、命令的委任が禁止され代表者が独立性を保障される統治形態であり、したがって、人びとの政治参加は代表者を選出するまでにとどまる。代表者が独立して決定するほうが直接民主制よりも優れているという前提に立つため、国民投票という形で国民の意思が直接的に表明されることとは相容れない。これに対して半代表制というのは、人びとの意思を可能な限り正確に表明することを代表に義務づけるものである。「半」(semi)は、純粋代表制と直接民主制のあいだという意味合いである。国民代表は純粋代表であるのか、それとも人びとの意思に拘束される半代表で

あるのかが議論の焦点である。

半代表制は、代表は社会を鏡のように映すものであるとか、「あたかも絵画が景色を描いているように」[芦部一九七一：二七二]と表現されるため、半代表制が描写的代表を意味するように聞こえるかもしれない。しかしながら、代表者と代表される人びととの類似性は意思や見解においてのそれを意味しており、あくまで理念の政治の範疇である。代表者の属性を問題にする存在の政治の文脈ではないのである。

憲法学の議論では、国民代表の概念は純粋代表制から半代表制へと歴史的に発展してきたと理解されている。もっとも管見の限り、半代表制の議論は政治学では行われておらず、むしろ、本人－代理人関係を出発点とし、その限界を乗り越えようとする議論展開が多いように思われる。いずれの議論にしても、古典的な命令委任か信託（独立）かという論争の枠内であり、人びとを実質的に代表することの中身やプロセスを問うているわけではない。人びとの意思表示が明確な場合には、何を代弁すべきかは自明であるが、そうではない場合に、どのように人びとの利益や視点を意思決定に反映させるかは、私たちの代表概念を豊かにしつつ、考えていかなくてはならない問題なのである。

（6）憲法学における議論は、樋口[一九九八]、杉原[一九八三]、辻村[二〇一五]、糠塚[二〇〇八]、岡田[二〇〇八]を参照。憲法学においては代表概念と国民主権概念の統一的把握が課題となっているが、本書ではその点には立ち入らない。政治学的課題としては、むしろ選挙制度および政党行動との関連が重要である。

しばしば使われる「民意」（国民の意思）という言葉は、その具体的中身になると人によって解釈がまちまちである。ある人は直近の選挙結果が民意であるといい、別の人は世論調査がそれを示すと主張する。選挙の結果に基づき形成された内閣が世論の多数派とは明らかに異なる意思決定を断行するとき、私たちは「民意」という言葉を使い、政府・与党の自制を促そうとする。確かに国家権力と民衆《デモクラチア》の力が対峙しているとき、民衆の意思は「民意」である（安保法制をめぐる政府と民衆との対立はこれに当てはまる）。しかしながら、人びとに集合的同一性が備わっていなかったり、意思が明確に形成されていなかったりする状況においては、民意が存在することをあらかじめ想定するよりも、私たちと代表者とのあいだの質の高いコミュニケーションと熟議を通じて、何が公共の善であるかを見出していく必要がある。この点は、改めて終章で論じたい。

地域性と身体性

国民代表は選挙で選ばれるがゆえに、よりよい代表のあり方を実現するために、選挙制度は最も重要な役割を担う。選挙は地域的に分割された選挙区ごとに実施されるが（参議院全国区／比例区は除く）、地理的な境界線を引いて代表を選ぶという行為と国民代表という規範とはどのような関係にあるのだろうか。

個々の議員は国民代表である以上、選出区の地域利益を代表するものではない。エドマンド・バークの議論が典型的であるが［バーク一九七三］、国全体を代表する議員は選挙区の狭い利害にとらわれず、全体的観点から国益を判断するのであり、投票権を有していない次世代の人びとをも代表する存在である。したがって、選挙区の存在はあくまで便宜的なものでしかない。居住地で線が引かれるのは、候補者を見極めるには人数と活動地域が限定されたほうが望ましいというのが主たる根拠である。

このような国民代表の捉え方は、選挙の実態を見れば実現されているとは言い難い。定数が一の小選挙区であれ、複数の中・大選挙区であれ、私たちは居住している場所ごとに異なる選挙区に振り分けられ、そこでの候補者に対して一票を投じる。一人一票の原則に忠実に則る場合は、市町村といった行政区分とは異なるかたちで区割りをすることになり、また国勢調査の結果を反映して定期的に区割りが変更されることになる。しかし日本では、行政区分を尊重して区割りが決定され、一票の格差が問題になっているように、一人一票の原則は最大限重視されているわけではない。

原則として都道府県や市町村などの行政区分を尊重して選挙区が区割りされるということは、選挙区は便宜的な区分というよりも、地域利益を代表するものとして捉えられていることを意味する。厳格な一人一票なのか、それとも地域の代表なのか、二つの異なる原理は対立的であるが、最高裁判決は一票の格差が二倍以上ある場合に違憲としており、このことは二つの原理が折衷的に実践されてきたことを意味しよう(7)。

(7)　衆議院小選挙区では「一人別枠方式」があり、参議院では事実上の都道府県代表を認めていることから、日本においては厳密な人口比例主義はとられていない。しかしながら、二〇一一年に最高裁は〇九年の衆議院選挙は違憲状態と判断し、一人別枠方式の廃止を求めた。参議院では二〇一五年に二つの県を統合する合区が二つ誕生した。近年では投票価値の平等がより重視される傾向にある。

選挙の実態としても、選挙区が居住地に基づいて分割されることにより、地域利益はより代表されやすいというバイアスを生む。同じ選挙区に属する人びとは、都市や農村といった地域的な利害は共有できたとしても、それ以外のさまざまな利害や価値観を共有しているわけではない。しかしながら、地理上の選挙区で議員が選ばれる以上、議員は地域利益を重視せざるをえない。とりわけ人びとの身体的経験に関わる政策領域——妊娠・出産、育児、介護、障がいなど——は、地理的な区分とまったく合致しないため、地域利益を代表する仕組みのなかでは埋もれてしまう。

スティール若希は、政治的主体性は地域性、イデオロギー、身体的存在の三領域から構成されると指摘し、地域性は地理的選挙区に基づく選挙によって、イデオロギーは政党の選択によって、そして身体的存在はジェンダー・クオータ(性別割当制)によってそれぞれ代表されるべきであるという画期的な議論を展開している[スティール二〇一四]。身体的存在(corporeality)という概念はエリザベス・グロスによって提唱されたものであるが、私たちの政治的主体性の一部分は、ジェンダー、セクシュアリティ、家族構成/形態、年齢/ライフサイクル、言葉や文化などの身体的経験を通じて形成される。身体的存在としての私たちは状況によって常に可変的だ。例えば、独身時代と子どもを持ってからでは、関心事項も政治との関わりも異なってくるだろう。しかしながら、こうした身体的存在としての私たちの声は政治の場では常に周辺化される。なぜなら身体的経験の共有範囲は、地理的境界線ともイデオロギー的境界線ともかぶることなく、独自の境界線を持つからだ。

私たちが身体的存在であることに着目すると、議会における男女の不均衡は、私たちの身体性が充分に代表されないことを意味する。日本における議会の男女不均衡は極端なまでに顕著である。

二〇一五年九月現在、女性比率は衆議院で九・五％、参議院で一六％である。下院で比較すれば、世界一九〇カ国のうち一五五位という極めて低い水準である(8)。女性比率が一割に満たない国は三七カ国あるが、日本はそのうちの一つなのである。この傾向は地方でも同じであり、都道府県議会での女性比率は八・八％、市区町村議会で一一・八％である(二〇一三年一二月)。市区町村議会の約二割がいまだに女性議員がいない「ゼロ議会」である(『朝日新聞』二〇一五年二月二三日付)。

議席の九割近くが男性で占められていては、性別によって異なる身体的経験を政策に反映させることは困難である。女性たちが利益を共有するわけではないことは指摘したが、それでも共通の経験と視点は存在する。身体的経験は性別によって異なっていることを考えると、女性議員が少ないために男女の身体的経験の相違に対して政治的に充分な配慮が払われず、政策にも活かされないことが問題として浮き上がる。ケアの赤字も解消されていかないであろう。

個別の議員が自らの身体的経験から、何らかの身体的主体性を代表することはあるかもしれない。例えば、不妊治療に悩んだ議員が生殖補助医療の政策に積極的に関わるような場合である。しかしながら、それはいわば偶然の産物である。政党が身体的存在の観点から議員団の構成の歪みを正そうとしないのであれば、身体的存在としての私たちは永遠に声を与えられないままであろう。

スティールの議論では、身体的主体性を代表する重要な切り口として性別に着目しており、議員の男女バランスが改善されることで身体的存在がかなりの程度——つまりは、すべてではない——

(8) Inter-Parliamentary Union (http://www.ipu.org/wmn-e/classif.htm)。

代表されることを期待するものである。完全な代表制／性は存在しない以上、政党間競争、選挙区選挙、ジェンダー・クオータを組み合わせることで、よりよい民主主義を目指す議論である。

ここでスティールの議論を紹介したのは、身体的存在の持つ政治性にもっと注意が払われる必要があるからだ。もちろん顧みられることの少ない経済的利益や地域アイデンティティも存在するが、それらは長期にわたって一つの政党が政権に就いていることから生じる不均衡や排除であることが多い。身体的存在は、たとえ政権交代が定着したとしても、議会の性別構成に変化がない限りは政治的発言権を得ることは難しい。したがって、代表制／性を複合的に捉えるためには、身体的存在の代表についても充分に留意する必要があるだろう。

政党の役割

さらに考えるべきは、国民代表と政党との関係である。国民代表であるはずの国会議員は、地元利益や支持団体の意向にとらわれているだけではなく、所属する政党の枠組み内でしか通常は活動できない。しかし、政党と国民代表とはいかなる関係であるべきなのかは、憲法からは導くことができない。政党は日本国憲法では規定されておらず、公職選挙法や政党助成法において法的に役割を与えられている。個々の国会議員の立法活動は所属政党の拘束を受けていることを考えると、政党と議員の関係性および政党と特殊利益の関係性を位置づけなければ、国民代表の議論は完結しない。

一九九〇年代以降の度重なる政界再編や野党の分裂、新党の誕生によって政党の枠組みは有権者にとって分かりにくいものとなった。それでも政党は一定程度の理念枠組みを保持した政治集団であることに変わりはない。首相の選出、国会審議を通じての争点の提示、行政府の監視といった機能を担い、国会における採決は基本的には党議拘束を前提とし、政党単位で態度表明がなされている。同時に、政党は候補者の発掘・擁立に関わるという意味で代表性のあり方に最も深く関与している。

政治問題化する争点はさまざまであるものの、それへの態度はある程度、価値観やイデオロギーによって整理することが可能である。生命倫理の問題など、党派を超えて個々人で判断が分かれるような案件もあるが、主要な争点である外交・安全保障、成長と分配、市民的自由の保障と国家権力によるその侵害といったような問題においては、政党ごとに緩やかであるにせよ価値観や理念が一定程度は共有されている。したがって、複数の政党が存在することによって、社会に存在する多様な価値観や理念は声を与えられることになる。そして、政党間の「競争」が活性化し、政権交代が定期的に起こることで、私たちの選択の自由が保障される。

さらに、政党は候補者の発掘・擁立という代表性の要となる機能を担っている。政党は特定理念を体現するだけではなく、描写的代表性をも規定しているという意味で、理念の政治と存在の政治の交差点に立つ。議会に「多様性」が乏しい理由は、政党が候補者擁立の段階でゲートキーパー（門番）の役割を担い、似たような属性と経験を持っている人たちしかリクルートしてこなかったからである。政党自身が多様性実現の阻害要因なのである。もっとも、逆の言い方をすれば、政党が変わることによって、多様性を確保し得るということでもある。

最後に、政党は「参加」を考えるうえでも重要である。国民代表の議論は立法府で完結しない。政府提出法案の場合は立法府において議論される前に、行政府内において利害調整が行われており、当事者(ステーク・ホルダー)が意思決定に参加する。ここでは、誰が参加しているのかが決定的に重要である。政党は参加者の範囲を決めることに関与しているのだ。そして、政策過程の外側には直接行動という表現形式で異議を申し立てる人びとが存在する。政策過程の内側と外側とを接続する役目を担うのも、議員であり政党なのである。

次章以降では、代表制/性の要である政党に焦点を当て、なぜ現在のような機能不全が引き起こされているのか、どうすれば代表制民主主義の再生を構想することが可能なのかを論じていこう。政党は人びとのあいだの異なる価値観やイデオロギー、利害をどのように代表し、あるいは代表してこなかったのか、また地域と身体性にまつわるアイデンティティや利害は政党を通じてどの程度代表されてきたのか。政党が成し得たこと、成し得なかったことを整理し、たとえ今までは成し得なかったとしても今後成し得る可能性を構想していきたい。

第2章

政党は何をめぐって競争するのか

――政党対立軸の変遷と責任政党政府

政党は代表制民主主義を適切に運営していくための鍵を握っている。今日私たちが代表制民主主義はうまく機能していないと感じる最大の理由は、政党政治が危機的状況に陥っていることにある。個々の議員は私たちの代表であるが、実際に代表する際には、政党という単位で行動する。政党政治が機能していなければ、当然ながら代表としての行為も十全には達成されない。

政党が私たちを代表するためには、私たちの社会に存在する多様な利益を集約し、また対話を通じて意見形成を行いながら、選択可能なかたちでオルタナティブを提示する必要がある。このオルタナティブをめぐって政党が「競争」することによって、代表制民主主義の機能を高めることができるのである。

しかしながら、一九九〇年代の政治改革と政界再編を経て、意味ある政党対立軸は消失した。政党間の「競争」は期待されたほどには活性化されず、むしろ「カルテル政党化」現象が生じている。

1　政党対立軸の原型――五五年体制

今日、多くの有権者にとって政党の違いはそれほど自明ではなく、とりわけ五五年体制と呼ばれた保革対立の時代を知らない若い世代には、政党対立の基本的枠組みさえもほとんど共有されていない。対立構造が分からなければ、有権者のほぼ半数が無党派層になるのも無理のないことである。意味ある政党対立軸の消失は、選挙で一票を投じることの意義を見失わせる。

なぜ政党対立軸は不明瞭になっているのであろうか。

一九九〇年代の政治改革は政党中心の選挙の確立を目指すものであった。つまり、選挙を通じて有権者は政権選択に関与することが可能になり、その結果、政権交代が定着し民主主義が深化することが期待されていた。確かに選挙は政党中心へと変容しつつあるが、しかしながら政党対立軸は期待されたほどには明瞭にならず、政権交代が定着した安定的な政党システムはいまだ形成途上にある。

党派対立とは

そもそも政党とは何をめぐって対立している存在なのだろうか。

政党は、部分を表す part が語源となって party（政党）となったことから分かる通り、党派ごとに政治共同体の部分を代表する組織である。一党独裁体制でない限り、複数の政党が存在し、それぞれに社会の部分を代表しつつ多数派形成を目指して競争し合う。つまり、価値観や理念の対立こそが複数の政党が存在する根源的な理由である。

先進民主国に存在する政党の名称にはそれほどのバリエーションはない。なぜかというと、世界的に近代国家の形成と工業化の進展に伴い価値観の対立が表出したため、各国とも一定程度の共通性を持つようになったからである。自由、社会／労働、共産、緑(環境)が基本的な枠組みであり、さらにそれぞれの国に固有の保守政党が存在する。保守政党はその国や国民、あるいは宗教を表す名称を含めることがあるので、名称としてはさまざまである(もっとも、日本の場合は保守政党である自由民主党(自民党)は自由と民主という普遍的な価値を掲げ、民族的名称を用いていない)。

一般的に、既存の権力構造を「保守」したい人びとは保守党を形成・支持し、他方で権力構造をより平等に「変革」したい人びとは革新政党である社会党や労働党、共産党を形成・支持する。この保革(あるいは左右)の対立軸は工業化とともに労働者階級が形成され、選挙権が男性労働者にまで拡大されたことによって定着を見た。

「自由」という概念は伝統的価値体系や貴族支配からの変革という意味では保守と対決するが、ブルジョワジーの権利や商業活動の自由という意味では労働者の平等という価値と対立する。また、共産主義が理想社会建設のための手段として前衛党による独裁を認めていたため、自由というシンボルは反共という意味合いも有していることが少なくない。したがって、冷戦の文脈のなかでは自由は保守に吸収される傾向が強かったといえよう。共産主義につきまとった暴力性や独裁制と決別する意味で、社会に民主を加え、「社会民主」という言い方も一般的である。「緑」というシンボルは一九七〇年代以降に誕生した環境政党が用いる。環境保護は美しい国土や景観の保全という意味では保守的価値観であるが、保守政党が主導する開発に抵抗している意味では革新的である。

政党は既存の支配構造を起点として、それを保守する側と革新する側に二分したが、起点となる権力構造が違えば、当然ながら保守する内容も異なってくる。そこで、保守と革新という言葉に代わり、分析概念として左右軸を用いることは今なお有効である。富と権力の集中をよいものと考える「右」と、富と権力は分散させ平等にしたほうが望ましいと考える「左」に区分されるのである［ボッビオ一九九八］。

このように考えると、保守反動とでも呼べる保守側からの既存の権力構造の変革運動は右の運動と理解できる。日本の自民党をはじめ、多くの保守政党が「改革」のシンボルの下に、「平等になりすぎた」権力構造の打破を目指す運動を起こしており、これは「新自由主義」と呼ばれる。しばしば使われる「行き過ぎた再分配」や「悪平等」という言説はまさに新自由主義が富の集中を目指した改革運動であることを裏付ける。他方、社民党／労働党は戦後福祉国家を保守しようとしているが、それは富と権力の平等をめざすという意味で左の立ち位置なのである。

アイデンティティの政治においても左右の相違を見出すことができる。すなわち、ネイションへの帰属意識と自らのネイションの優越性を基軸とする「右」と、劣位にあるマイノリティの権利擁護を求める「左」である。分配の政治における左右と承認の政治における左右は重なることが多いが、時には交差することもある。政党対立はこの左右対立を主旋律として、各国に固有のいくつかの副旋律を重ね合わせることで、より明瞭に理解することが可能になるだろう。

戦後日本の保革対立――憲法

戦後日本の最大の争点は憲法であった。すなわち日本国憲法を護る護憲勢力が革新政党を結成し、改憲を望む勢力が保守政党を形成し対立してきた。前述のように、革新が護り、保守が変革を望むこと自体が言葉に混乱をきたしているが、五五年体制を同時代で経験した世代にとっては、この保革の対立構図は当たり前の風景であった。

五五年体制というのは、一九五五年に保守勢力が自由民主党(自民党)を結党し、その直前に統一された日本社会党(社会党)と対峙してきた政党システムである。五五年体制は護憲か改憲かを最大の対立軸としつつも、実際は自民党にも護憲勢力が含まれ、また革新政党が国会の三分の一以上の議席を確保していたため、改憲の実現性は乏しく、結果的に改憲争点は棚上げされたまま、一九九三年に自民党が下野するまで三八年間続いた。

改憲か護憲かの対立の主軸となったのは戦争放棄を謳った憲法九条である。改憲は棚上げされたものの、再軍備とアメリカとの関係では日本政府は具体的な決断を迫られた。保守政党/改憲勢力は再軍備に賛成し、日米安全保障条約と日米地位協定に基づく日本の軽武装路線(いわゆる吉田ドクトリン)を選択するに至る。九条の外延を広げつつも基本的にはその枠内で対米軍事協力を実行していくことになるのである。他方、革新政党(日本社会党、日本共産党)は再軍備に反対し、自衛隊は違憲であるとし、日米安保体制に反対の立場をとった。

この基本的対立構図こそが五五年体制を特徴づけるものであったが、しかしながら改憲勢力が目指した憲法改正は九条にとどまるものではなく、広く文化的争点を含むものであった。戦後憲法が体現した基本的人権や民主主義、男女平等、社会権(健康で文化的な最低限度の生活を営む権利)もまた、保守/改憲勢力にとっては「押し付けられた」西洋の価値観でしかなく、来る憲法改正時には改正されるべき事案として意識されていた。だからこそ、一九五〇年代前半の反吉田勢力(鳩山一郎や岸信介など五五年に自民党に合流した日本民主党勢力)は大日本帝国憲法に規定されていた権威主義的秩序の回復を狙う復古的な改憲論を展開した。約六〇年の歳月を経て、二〇一二年に発表された自民党の改憲草案も戦後民主主義からの脱却を企図している。普遍的な民主主義を受け入れるのか、それとも日本的な権威主義的秩序の回復を目指すのかは、戦後を通じて脈々と流れてきた一大争点なのである。

綿貫譲治は、日本人の政党支持の基盤にあるのは伝統的価値観と反伝統的価値観との対立であるとし、これを「文化政治」もしくは「価値政治」と呼んだ[綿貫一九七六]。日本の政治的対立の本質に影響を与えているのは経済や身分の相違ではなく、価値体系の相違からくる分裂だと論じたのである。綿貫は伝統的価値観を明確には定義していないが、それは上下関係、伝統主義、反理知的態度を内包するものであり、一方の反伝統的価値観は平等主義的で合理的な思考であると位置づけていると見てよいだろう。自民党は戦後社会においても広く根づいている伝統的価値観という心理的資源を利用することによって、労働者を含む広範な社会階層からの支持を得たというのが綿貫の解釈である。

日本の戦後の政治体制を、このように基本的価値観をめぐる分裂の上に成り立っていたと捉えると、競争的な政党政治を運営する基盤を日本社会は欠いているということになる。競争的な政党政治とは、政権交代があったとしても、基本的原理に関しては人びとのあいだで合意が成立しているため、それは維持されるという前提に立つ。しかしながら、日本において基本的人権と民主主義を国家の基本的価値として据えるという社会的合意が存在していると果たしていえるのだろうか。多くの人びとにとって、これらは重要な価値であるとの認識があったとしても、主要政党が、それも長期にわたり政権に就いている自民党が、民主的な基本的価値観を受け入れていないことを公言しているという事実は、戦後民主主義はそれを支持し支える人びとと転覆を願う人びととの微妙な権力均衡の上に維持されてきたことを意味しよう。

自民党の長期政権が続いた一因として、社会党が反体制政党の立場を崩さなかったことがしばしば指摘される。多くの国民にとって、戦後体制——九条の下での自衛隊と日米安保体制——を維持するためには社会党に政権を取らせるわけにはいかず、また社会党としても自衛隊違憲論を維持するためには政権を取らないほうが苦渋の妥協をせずに済んだとの指摘もある。民主的価値観の側面から見れば、自民党こそが反システム政党であるわけだが、改憲が棚上げされたことで、その政治的野心は深く水底に沈められたまま、高度経済成長と国土開発による国民統合が進められ、私たちは民主主義価値観が社会に根づいているかのような幻想を抱くことができたのである。

経済的対立軸——分配と再分配

五五年体制における政党対立軸は、このように基本的価値の対立を基盤とし、それが防衛問題と絡み、さらには戦前の軍国主義、ファシズム復活という形で体制選択の問題とも絡むものであった[大嶽一九九九]。体制の選択であるがために左右政党の相互不信は根深く、このことが経済的なイデオロギー対立を圧倒することになる。

先進民主国において、左右の政治対立軸は基本的に経済的なもの、すなわち分配・再分配をめぐる対立によって規定される。なぜなら、資本家を代表する右派政党が資本主義経済と自由市場を擁護するのに対して、労働者を代表する左派政党は資本主義の(時には暴力を辞さない)打破をめざし、この労資階級闘争の妥協として資本主義経済の容認と見返りとしてのケインズ型福祉国家の成立をみたというのが定式的な理解だからである。したがって、競争的な政党政治の枠内では、左右の政党とも資本主義とケインズ型福祉国家を受け入れつつ、右派政党はより小さな政府、左派政党はより大きな政府を志向することになる。政府の大きさの相違とは、すなわち市場経済への介入の度合い(分配)と福祉国家の規模の相違(再分配)である。この戦後のコンセンサス政治は程度の差はあれ先進民主国に共通して見られ、一九八〇年代に新自由主義が台頭するまでの基本的な政党対立の構図であった。

日本においても、戦後から一九五〇年代にかけての激しい労使紛争の時代を経て、六〇年代になって階級妥協が成立したと考えられる。その後の時代の労使協調路線がそれを物語る。しかしながら、見返りとしては再分配よりも分配が果たした役割が遥かに大きかった。福祉国家と政党間競争との関係は改めて第4章で論じるが、ここで確認しておきたいことは、社会党が少なくとも一九八六年までは社会主義を目指しており、資本主義内での福祉国家の建設に熱心であったとはいえないことである。経済的にはむしろ減税を求めることが多く、(所得税)増税による富の再分配を主張することはなかった。なぜなら、高度成長期に減税が繰り返された結果、有権者が増税をサービスの拡充と関連づけて理解することが困難となったからである[井手二〇一二]。結果的に、自由市場と増税・再分配を組み合わせた社会民主主義路線という選択肢は、政党間競争のなかでは有権者には与えられてこなかったのである。

もっとも、地方政治のレベルでは福祉は保革の対立点であった。国政レベルでの制度の不備を衝く形で、一九六〇—七〇年代には革新自治体が高齢者や子どもの医療の無料化を打ち出し、それへの対抗を迫られた自民党は福祉国家の拡大に乗り出さざるを得なくなったのである。その意味では福祉国家の建設は保革の争点であったわけだが、地方の革新政党と国政の保守政党との綱引きであり、国政レベルでは現在に至るまで、増税と福祉国家の組み合わせを表立って主張する政党は日本にはない。

他方、分配政策は自民党による利益誘導政治を通じて実現された。公共事業による国土開発や、財政投融資、租税特別措置を通じた特定業界の支援などは、一九九〇年代になると非効率的な資金配分として批判に晒されることになるが、地方において雇用を生み出し、当初所得(税などの再分配前の所得)の平準化をもたらすものでもあった。自民党は包括政党として多様な利益の代表に努め、福祉政策であれ環境政策であれ、野党への票に転化するような社会からの要求には比較的柔軟に応えた。

生活の保障や安定という意味では分配政策も再分配政策も同じような帰結をもたらすかもしれないが、自民党の分配政策の特徴はあくまで業界の保護と地方の開発を通じた男性の雇用保障である。個人の社会権に基づく権利保障に関心を払うものではなかった点は強調しておきたい。そして業界の保護と国土開発が自民党票へと転じることで、一党優位体制が維持されてきたのである。

2　ポスト五五年体制の政党対立軸——新自由主義とそれへの対抗

五五年体制は一九九三年の自民党下野によって幕を閉じる。直接の契機は政治改革をめぐる党内対立が先鋭化し、小沢一郎グループが離党したことによる。その後、細川護熙《もりひろ》内閣（一九九三—九四年）と羽田孜《つとむ》内閣（一九九四年）を除けば、二〇〇九年の民主党への政権交代まで、自民党は常に政権に就いてきた。しかしながら、政党対立軸は抜本的な変化を遂げることになる。ポスト五五年体制を一言でまとめるとすれば、新自由主義が新たな争点として浮上し、それへの賛否をめぐり約二〇年間にわたり政党対立軸の仕切り直しが図られた時代となるだろう。

なぜ新自由主義が台頭し、それがなぜ政党対立軸を不明瞭なものにさせたのだろうか。このことを理解するために、五五年体制の崩壊の直接的契機となった政治改革を振り返り、政治改革と政党対立軸の変容がどのように関連するのかを明らかにしよう。

政治改革の熱気――選挙制度改革と小選挙区制

世界的にも稀な自民党の長期政権は金権政治という弊害をもたらした。戦後多くの汚職事件が起きたが、リクルート事件（一九八八年発覚）と東京佐川急便事件（九一年発覚）は、自民党政権に回復不可能なほどの大きなダメージを与えた。この二つの事件を契機に、多額の政治資金が必要とされる中選挙区制が諸悪の根源であるとの認識が一挙に広がり、一九九〇年代前半の政治改革の熱気をもたらすのである。

なぜ中選挙区制が槍玉に挙げられたのだろうか。中選挙区制とはほとんどの選挙区の定数が三―五であったことから名づけられた名称であるが、議席は複数あるものの、有権者は一票だけ投じる単記制を採用していた。中選挙区制では同じ選挙区に複数の自民党候補者が出馬することから、候補者は所属政党の違いよりも個々の候補者の違いを強調する必要に迫られる。そのため、自民党政治家はそれぞれ後援会組織を発達させ、利益誘導を通じた集票活動に専念することになったのである。このことは、利益誘導の分配政策がいくら財政的に非効率的であっても止めるわけにはいかない誘因構造を作り出し、また、後援会維持のため個々の議員には多額の集金活動を迫るものであった。さらに総裁ポストをめぐり派閥が形成され、派閥の領袖は子分を増やすために政治資金を援助した。総裁を狙う者は多額の政治資金を集めなければならず、この圧力が金権政治の背景を成したのである。

つまり、中選挙区制は個人中心の選挙を不可避にするから問題であると見なされ、政党中心の選挙に転換することで、①必要な政治資金は減り、金権腐敗も防ぎやすくなる、②政党が政策をめぐって切磋琢磨することで、よりよい政策が形成されることが期待された。政党中心の選挙に変えるためには、小選挙区制、比例代表制、その組み合わせ（並立制、併用制、連用制）があり得たため、どの選挙制度が望ましいのかに関する議論が活発に行われた。

もう一つ問題視されたのは、政権交代の欠如であった。一つの政党が長期にわたって政権を維持すれば、腐敗が生じやすい。一党優位体制が続くことは民主主義の観点から望ましくないとの議論が出され、自民党議員からも政権交代の不在は政策論議の不在と運営の硬直化を招くとの批判が出るようになった。自民党自体は比例代表の加味を含む曖昧な改革像しか持ち合わせていなかったが、政治改革に明確な方向性を与えたのは小沢一郎であった。小沢は強い政治的リーダーシップを創出するために、その手段として小選挙区制と政権交代を主張した［小沢一九九三］。権力を首相に集中させ、政府においては官邸の権限を強化し、国会においては全会一致ではなく多数決で決定する民主主義への転換を説き、そうした強い権力の創出を民主主義制度下で可能にするために、政党間競争の活性化と政権交代の可能性を求めた。

政党が三―五程度存在する穏健な多党制の場合でも政権交代は可能であるが、ほぼ確実に連立政権となるため、強いリーダーの創出には不向きである。多様な有権者の声が議場に反映されることが望ましいと考える論者は比例代表制を支持し、穏健な多党制の下での政権交代を構想した。他方、強いリーダーシップの観点からは、二大政党制をもたらしやすい小選挙区制が支持された。

この二つの選挙制度論は、「合意形成型民主主義」と「多数決型民主主義」として理解することができる。この二つの民主主義の区分はアレント・レイプハルトが理論化し、選挙制度や連邦制度などの一〇の指標をもとに民主主義国家を分類するものである〔レイプハルト二〇〇五〕。合意形成型民主主義は人びとの多様な声をなるべく比例的に議場に反映させるべきだという考え方に依拠し、ジョン・スチュアート・ミルがその代表的論者である。他方、多数決型民主主義は、ジョゼフ・シュンペーターの民主主義論に依拠し、有権者は政権選択には関与するが、政権運営は政権党に委ね、問題があれば次回の選挙で政権交代を起こせばよいとの論理に立つ。五五年体制下の日本は合意形成型に属すると理解されてきたが、強いリーダーシップを求める者はそれを可能にする多数決型民主主義を支持し、それへの転換を実現すべく小選挙区制の導入や官邸機能の強化を訴えるようになったのである。

選挙制度によって政党ごとに受ける影響力は異なる。理論的には、小政党は自分たちが生き残ることのできない小選挙区制を支持しないはずであるし、大政党は自分たちの優位性が損なわれる比例代表制には距離を置くであろう。しかしながら実際には自民党は小選挙区制推進派と慎重派（つまりは野党との妥協推進派）に分裂し、日本新党と新党さきがけは小選挙区比例代表並立制を主張した。この二つの政党がキャスティング・ボートを握った結果、小選挙区比例代表並立制が成立し、議席の配分は紆余曲折を経て小選挙区に三〇〇議席、比例代表に二〇〇議席とされた（二〇〇〇年総選挙より比例区は一八〇議席に削減）。さらに重複立候補制を導入することで、小選挙区で落選しても惜敗率によっては比例代表で復活当選できる仕組みが盛り込まれた。復活当選の可能性が残されることで小選挙区制への抵抗を薄め、さらには比例代表を復活当選の受け皿とすることで、小選挙区制の影響力が強い並立制が誕生したのである(1)。

政治改革の帰結

では一九九〇年代の政治改革は、期待通りの効果を挙げたのだろうか。そもそも「期待」とは何であり、それは誰の期待だったのだろうか。

中北浩爾の研究から明らかになることは、当初は金権腐敗の根絶という限定的な目標から出発した政治改革が、小沢の明確なビジョンに引き込まれる形で、強力なリーダーシップ創出へと目的が転化していったことである[中北二〇一二]。政権交代の可能性を高めるだけであれば、穏健な多党制(つまりは比例代表制)も選択肢としてあり得るわけだが、強力な権力の創出が目的であれば、小選挙区制がふさわしいということになる。

しかしながら、それは人びとが求めた民主主義のあり方であったのだろうか。興味深いことに、小選挙区制はその後、政権選択を可能にする民主主義の装置として理論武装されることになる。政治改革を主導した民間政治臨調(政治改革推進協議会)は、小選挙区制は二大政党制の形成を通じて、有権者による直接的な政権の選択を可能にするという点を強調するようになった[中北二〇一二]。有権者は政党ではなく政権を選ぶことから、有権者と政権との委任関係が明確になり、したがって

(1)　並立制を採用する際には重複立候補制を併せて導入するというアイディアは、自民党内において古くから存在していた。並立制における比例代表の意義を、多様な民意の反映に見出す側は全国単位を主張したが、自民党は小選挙区の選挙結果を補完する役割と位置づけ、都道府県単位を主張した。最終的には全国一一ブロックで合意に至っている[読売新聞政治部二〇一四]。

有権者は政権に対してコントロールを強めるようになることを主張した。(2) この捉え方は後にマニフェスト選挙へと発展し、民間政治臨調を改組して設立された二一世紀臨調(新しい日本をつくる国民会議)はマニフェスト運動を展開していく。

選挙をなかば白紙委任として捉える強力なリーダーシップ論と有権者によるコントロールをより強めるはずの政権選択論では、同じ小選挙区制を支持するにしても論拠がまったく異なる。期待するところが逆であるため、政治改革を評価するにしても逆の結論が導かれるだろう。代表制/性の観点からは、強力なリーダーシップ論は信託関係であり、政権選択論は命令委任関係と言い換えることができる。

では、政治改革を経て活性化した政党間競争は、リーダーシップを強めるものであったのだろうか、それとも有権者側のコントロールを強めるものであったのだろうか。結論からいえば、そのどちらでもなかった。皮肉なことに、政党間競争が活性化するほど、ねじれ国会の出現により首相のリーダーシップは弱まることになったのである。他方、二〇〇五年の郵政民営化を問うた総選挙や、〇九年の政権交代をもたらした総選挙は、有権者が政権選択に関与していると実感できたものであったろう。しかしながら、二〇〇五年総選挙に関していえば、郵政改革以外は白紙委任も同然であったし、〇九年は民主党のマニフェストがあったため命令委任関係が強化されたものの、民主党政権が財源不足からマニフェスト履行を諦めたために、命令委任関係は早々に解消されてしまった。民主党が有権者の信頼を失い弱体化すると、第二次安倍政権では自民党一強多弱時代ともいわれるように、政党間競争は不活発なものになる。政党間競争の活性化は首相のリーダーシップを強めることにはならず、逆に、首相のリーダーシップ強化は政党間競争の停滞によって可能となっているのである。

政治改革に期待されていたもう一つの側面である政権選択に目を向けると、それもまた実現にはほど遠いことが分かる。確かに政治改革を経て、個人本位の選挙から政党本位・政策本位の選挙へと変容しつつある。その意味では政党間の競争は活性化したように見えるが、しかしながら、有権者にとっては実質的な選択肢が提示されたわけではなかった。なぜなら、主要政党が基本的には合意している「合意争点」が選挙の争点として据えられることが常態化したからである。小選挙区比例代表並立制の下での総選挙の争点を振り返ると、一九九六年の中央省庁再編、二〇〇〇年の景気回復、〇三年の年金問題の解決、〇五年の郵政民営化・構造改革、〇九年の安心社会の構築と、それぞれの争点において二大政党が真っ向から異なる政策プログラムを掲げて闘う構図は作られてこなかった。方向性は一致しつつ、その程度の差や実行力の差を競い合ったのである。政権交代の可能性が高まったという意味では有権者は政権選択に関与できていると感じられるようになったかもしれないが、実質的なオルタナティブが提示されないのであれば、政権選択はできても政策選択はできないことになる。

まず確認すべきは、小選挙区比例代表並立制は二大政党制をもたらすものではない点である。二大政党制論者は、小選挙区制が持つ工学的作用――第三党以下は淘汰され、二大政党に収斂される

(2)　民間政治臨調「構造改革を担う新しい政党と政治のあり方」一九九七年。

——に期待を寄せ、小選挙区制を持ち込むことで自民党への対抗勢力が一つの政党に結集することを期待した。この効果は政治学ではデュベルジェの法則と呼ばれ、膨大な研究蓄積がある(3)。実際、一九九〇年代後半、幾多の小政党が最終的には民主党へと合流していったのも、自民党を離党した議員がいつの間にかまた復党していったのも、さらには二〇〇三年の民主党と自由党の合併も、この小選挙区制の工学的作用がもたらしたものである。しかしながら、純粋な小選挙区制ではなく小選挙区比例代表並立制であるため、デュベルジェの法則の適用範囲は限られる。比例区で小政党が議席を確保することが可能だからだ。また参議院の選挙制度が選挙区(小選挙区と中選挙区の混在)と比例代表の混合型であるため、参議院でも二大政党は形成され得ない。

二大政党化を促す小選挙区とそれを押しとどめる比例区・中選挙区の混在は、一方では非自民政党の結集を促しながら、他方で小政党の独自の生き残り戦略を許すものであり、その結果、もともと巨大政党である自民党には有利に作用する選挙制度である。また、過去の制度のあり方に依存していること(経路依存)も自民党には有利に働く。中選挙区制の下で発達した自民党の後援会や政治資金団体は小選挙区制の下でも生き延び、それらの支持基盤を世襲議員が引き継ぐことによって、集票行動が再生産されている[Krauss and Pekkanen 2011]。このこともまた、自民党の優勢を支える構造となっている。

二〇一二年に自民党が復権し一強多弱時代といわれるようになるまでは、確かに二大政党化は進んでいたとはいえるだろう。しかしながら、二大政党がオルタナティブな理念・政策を掲げるかどうかは別の問題である。そもそも二大政党制であればオルタナティブが提示されるという論理は、政治学からは引き出せない。よく知られているダウンズの空間理論によれば、むしろ逆のことが起こり得る〔ダウンズ一九八〇〕。すなわち、有権者の選好が右から左まで正規分布で分散している場合、二大政党は政策を中央へと寄せることで得票の最大化を図ろうとする。最大の票田が中道路線にあるのであれば、そこを取ろうとするのは合理的といえよう。日本の有権者のイデオロギー配置は保守から革新にかけてほぼ正規分布を描いていると各種調査で指摘されているが、そうであれば、二大政党が似たような政策を提示することは想定内といわねばならない。

ただし、政治の実態は二大政党が政策を中央へと収斂させるという予測を裏切るものである。財政政策に目を転じるならば、右政党がより右の政策(緊縮財政)をとり、左がそれに引きずられ右へと政策位置を移動させる右傾化が進行している。緊縮財政へと政策が収斂する傾向にあることは第5章で改めて論じるが、ここで重要な点は、主要政党が似通った政策を打ち立てることと、その政策の位置が中央に位置することとは別の次元であることだ。全体的な右傾化のなかでの収斂も充分にあり得るのである。

責任政党政府論

一九九〇年代以来の政治改革を代表制／性の観点から振り返ると、有権者によるコントロールを

(3) 代表的なものとしてはCox [1997]があるが、政治的文脈の重要性をより強調したものとしてはMoser and Scheiner [2012]がある。

強めるために選挙を命令委任関係として捉えようとする声がある一方で、強いリーダーの創出のために選挙を白紙委任であるかのように捉える議論もなされていた。私たちの代表制民主主義を機能させていくためには、硬直的な命令委任関係でもなく、また白紙委任でもなく、信託と委任のあいだのバランスをとりながら、代表者と代表される人びととのコミュニケーションを豊かにしていく必要があるのではないだろうか。

まず出発点として、少なくとも二つ以上の政党から理念的にも政策的にも異なる政策プログラムが提示される必要がある。有権者は選挙でそれを選択し、その選挙結果に基づき多数派が内閣を構成し、約束した政策プログラムを履行する。そして、政権党が有権者の負託から逸脱し、代表機能を果たさない場合には、次の選挙で落選させられるというアカウンタビリティが働く。

ただし、第1章で述べたように、こうした「約束に基づく代表」は代表のあり方の一つでしかない。議員は次の選挙でどのように評価されるかを意識して行動するものであり、有権者もまた議員の業績を評価して投票を行うことがあり得る。こうした「予測に基づく代表」では、選挙と選挙のあいだに、有権者の意向を探り当てなくてはならず、また意見が明確に形成されていない状況では、コミュニケーションを通じて相互に形成する必要が出てくる。

このような代表制民主主義のあり方は「責任政党政府」と呼ぶことができるだろう。責任政府(responsible government)という言葉は、政府が議会に対して責任を負っている政体を意味し、具体的には議会の多数派により内閣が組織され、基本的には議員が大臣に任命される議院内閣制を指す。政党政府(party government)とは、多数派政党が政府を構成し、政党を通じてアカウンタビリティが確保される政体である。政党が政治責任の主体であることから、官僚が大きな影響力を持つ行政国家と対比される。責任政府は内閣と議会との関係を表す概念であるが、責任主体は政党である点を強調するために、ここでは責任政党政府と呼ぶことにしよう。

責任政党政府論では、有権者の政権選択への関与というのは、形式的に似たような政党から選べることではなく、実質的に異なる政党（政策）から選択できることを意味する。選挙での選択というのは、政党の約束事だけではなく、業績評価も加味して行使するものであり、したがって、政党は過去に表明された民意と未来に表明されるであろう民意を考慮しながら、所属議員が落選させられないように行動することになる。有権者が落選させる力を持ち得ない場合は、議員を民主的に統制することは難しい。

日本において責任政党政府の形成を妨げているのは、政党対立軸が不明瞭であることに求められるだろう。二大政党に諸政党が結集しなくとも、おおまかに二大ブロックが形成されれば責任政党政府論が想定するような展開は成り立ち得る。二大ブロックが形成されるためには、しかしながら、明瞭な形で政党対立軸が形成される必要がある。マニフェスト選挙が、故意か偶然か見落としていたのもこの点である。マニフェスト選挙で数値目標や行程表が強調されたのは、理念や対立軸が軽視されたからであり、逆にいえば、政党の拠って立つ理念や対立軸が不鮮明であるがために、個別政策の数値目標が過大な役目を背負わされたのである。

ではなぜ、五五年体制崩壊以降、明瞭な政党対立軸が形成されなかったのだろうか。

新自由主義の隆盛――政党対立軸の不明瞭化

五五年体制の保革対立の争点であった再軍備・安保問題は、社会党が自民党と連立を組み政権に就いた村山富市内閣期(一九九四―九六年)に、村山の個人的決断という形で自衛隊を合憲と認めたことで決着がもたらされた。社会党の方針転換は同党の凋落を招いたと同時に、新たな対立軸形成をめぐり政党間競争のあり方を根本的に変えることとなった。そもそも五五年体制下では分配・再分配をめぐる経済争点が政党対立軸を形成していなかったが、自衛隊・安保問題が当面の合意争点となるなか、経済争点の重要性が増すことになったのである。もっとも、ここでの対立は左側が社民政党として自らを再定義し自民党に対峙するものではなく、反自民勢力が新自由主義的改革を掲げ自民党と対抗する構図を生み出した。

政党対立軸の一翼を担った社会党は、自衛隊・安保問題が争点として消滅すると、その存在意義の急激な減退に見舞われることになった。一九九三年の総選挙で社会党は一三六議席から七〇議席と大きく後退し、九六年の総選挙において後継の社民党はわずか一五議席の小政党に転落した。社会党の衰退によって生じた空間を埋めたのが、この時期に次々に誕生した幾多の新党である。新党は自民党への対抗軸を打ち出す差異化戦略として、利益誘導政治(公共事業依存、族議員、政官財の鉄の三角形)を批判し、そのアンチ・テーゼが新自由主義的な改革メニュー――財政再建、規制緩和、地方分権、中央省庁のスリム化、政治主導――であった。つまり政党間競争の変化が争点構造の変化をもたらしたわけである。

自民党長期政権の弊害として、自民党は各種業界利益の虜となっており、包括的に多様な業界利益を代表してはいても国民代表とはいえない状況が形成されていた。新党は自民党を特殊利益の代表と見立てることで自らをサイレント・マジョリティの側に置き、自民党によって代表されていない利益の代表を自任したのである。確かに自民党は一九八〇年代に国鉄(日本国有鉄道)や電電公社(日本電信電話公社)の民営化を断行するなど、新自由主義的な改革には着手をしている。しかしながら、規制緩和や地方分権という課題にまでは踏み込んでおらず、ここにおいて新党は自民党との差異化を図る争点を見出すことが可能であった。この時期に誕生した新党――日本新党、新党さきがけ、新生党、新進党――は、多かれ少なかれ、自民党と官僚の癒着体質が日本の病の元凶であるとみなし、政治・行政改革を主張した。

新自由主義的な改革を主張する新党が自民党と対峙したことにより、自民党は新自由主義的方向へ政策位置を徐々にシフトさせていくことになった。一九九四年には小沢一郎率いる新進党が結成され、細川護熙の日本新党、公明党、民社党などが同党に結集した。他方、新党さきがけの一部(鳩山由紀夫や菅直人)と社会党の一部は一九九六年に「旧」民主党を結成し、同年の総選挙は自民党、新進党、民主党の三つ巴となった。三政党はいずれも中央省庁再編を公約し、選挙戦はさながらバーゲンセールのように、どの政党がより少ない省庁体制を提示するかを競うあり様であった。

自民党が対立政党の政策を「横取り」することは半ばお家芸といってもよいが、対抗勢力が社会党から中道新党へと換わったことにより、日本政治の軸足は全体として右へと動くことになった[中野二〇一五]。さらには、新進党が解党し、最終的には民主党へと統合されていったことも、自民党の政策位置を新自由主義的方向へ向かわせることとなった。新進党はある意味で自民党の右に位置する政党とみなすこともできたが、民主党と合併することで自民党より右の政党はなくなり、自民党は安心して右傾化を進められる状況を手にしたのである。

新自由主義的改革のうち、財政再建は、経済危機に見舞われるたびに減税や公共投資拡大を打ち出さざるを得なかったため進展しなかったが、規制緩和・市場化は漸進的に進められた。自民党が本格的に新自由主義へと転換するのは郵政民営化が持論であった小泉純一郎が二〇〇一年に首相に就任してからである。公共事業の削減や三位一体改革を通じた地方への財政支援の削減は、旧来の自民党支持層を掘り崩すものであったが、都市サラリーマン層へと支持層を広げることで、政策位置の移行は可能になったのである。

自民党の変貌の背景には、一九九〇年代に一票の格差の是正が進んだこともある。衆議院ではそれまでの三―五倍近い格差から、一九九三年以降は三倍以内に縮まっている。定数是正による効果もあったが、小選挙区比例代表並立制の導入によって格差縮小がもたらされた［粕谷二〇一五：一〇四］。都市部の人口が増え、かつそこの議席数が増えることで、自民党はより積極的に都市利益を代表するようになったのである。

自民党が新自由主義政党へと変貌していったことは、政党対立軸を一層不明瞭にさせ、新自由主義を看板に自民党に対峙しようとしてきた新党、とりわけ民主党には打撃となった。そこで民主党が仕掛けたのがマニフェスト選挙である。マニフェストという名称で詳細な政権公約とその実現性を裏づける数値目標と行程表を提示することで、政権構想をめぐる対決を演出した。これは、有権者と政権との委任関係を明確化することを通じて、政権選択に関与したいという有権者の欲求を汲み上げるものでもあった。

このマニフェスト選挙は二〇〇三年の総選挙より始まるが、この時は菅直人代表の下、「脱官僚宣言」を掲げ、無駄の廃止と一元的な年金制度の構築を訴えた。マニフェスト選挙は民主党に対して有利に働き、選挙直前に自由党と合併した民主党は五〇議席増の一七七議席を獲得し、自民党は四議席減の二三七議席にとどまり、全体としては二大政党化の進行を印象づけることとなった。しかしながら、民主党は自民党との明確な差異化に成功したわけではなかった。

合意争点で政党間競争が繰り広げられると、実行力に焦点が当てられることになる。与党は業績で実行力を示すことができるが、誇示できるものがない野党は不利な立場に置かれ、与党の実行力に疑問符が付くような敵の失点を待つしかなくなるからだ。小泉政権後半から第一次安倍晋三政権（二〇〇六―〇七年）は、消えた年金問題が浮上し、まさに自民党の失点に乗じる機会が訪れた時期であった。民主党は、二〇〇四年の参院選では自民党の年金問題の不手際もあり五〇議席を獲得し、改選第一党となる。しかしながら、政権交代を起こすまでの支持を集めるためには、さらなる看板政策が必要であった。自民党との違いをどこに見出すかという課題に対して、民主党が着目したのが格差問題である。二〇〇六年に小沢一郎が民主党の代表に就任すると、小泉改革の結果として広がった格差を問題視し、「国民の生活が第一」を前面に掲げ差異化戦略に乗り出していった。

この結果、二〇〇六年から一〇年の鳩山内閣退陣までの自民党と民主党の政党間競争は、〈新自由主義路線〉と〈リベラル路線〉の対立にかなり近似したものとなった。この時期の民主党の政策を見ると、高校授業料無償化や子ども手当といった大型の現金給付政策を目玉として据え、社会保障費抑制・削減を目指す自民党とは好対照をなしている。低所得者層向けの政策を充実させようとした点でリベラルな政治路線といってよいだろう。日本の相対貧困率が先進国のなかでも高い水準にあることが徐々に認識され始めていたこの時期に、古典的な分配・再分配の対立軸が浮上したことは、ある意味当然といえよう。

政党対立軸の形成は、しかしながら、菅直人内閣(二〇一〇―一一年)以降は再び不鮮明化していく。菅が二〇一〇年の参院選の直前に唐突に消費税増税を訴えたことが有権者の離反を招き、民主党は惨敗する。その後、ねじれ国会の下、民主党は自民党・公明党との妥協のうえでしか法律を成立させられなくなり、鮮明な対立軸を維持することは不可能になるのである。

3　カルテル政党化現象と文化政治

本章では、政策対立軸が明瞭化していない点が最大の障壁となって、責任政党政府が確立していないことを指摘してきた。ポスト五五年体制では〈自民党〉対〈新自由主義〉の対立軸が浮上したものの、自民党が新自由主義化を遂げることでこの対立軸は宙に浮くことになる。そこで民主党はリベラルな争点を強調し、〈新自由主義〉対〈リベラル〉の争点設定を試みるが、政権交代後は政権運営に手間取り、民主党が新自由主義路線に回帰したことで新たな対立軸も雲散霧消してしまった。このように整理すると、新自由主義という新しい価値理念が自民党と民主党のあいだで共有され、それに対する有効な対立軸が設定されていないことが責任政党政府の実現を阻んでいると理解されよう。

では、政党対立軸の不明瞭化、より具体的にいえば新自由主義への収斂は、なぜ起きたのであろうか。

政党間競争のダイナミズム――党派性・政党組織・選挙競争

政党は価値の対立から生まれてきたと説明をした。同時に、競争的な政党政治が営まれている社会では、基本的価値の社会的合意を前提に、諸政党は政策に対して異なる優先順位を与え、有権者の支持を求めて競争を繰り広げる。こうした政党政治のダイナミズムが政党対立軸を形成しているため、ここでは三つの要素に分解をして説明を進めたい。すなわち、政権党の党派性が政府の政策志向に大きな影響を及ぼす（党派性理論）、政党の政策志向は政党の構成員・支持基盤の変化に対応して変化する（政党組織理論）、政党の政策志向は政党間競争における差異化戦略と合意争点化戦略の影響を受け変化する（選挙競争理論）という三点である。

党派性理論というのは、政党はそれぞれ異なる理念・政策志向を有していることから、どの政党が政権に就いたかによって公共政策の方向性や内容が変わるという考え方である。具体的には、左派政党の議席率が高く、また政権に就いていた時期が長いほど、その国は福祉を充実させているというテーゼであり、この妥当性はさまざまな計量分析で一定程度かつ安定的に証明されてきた。ただし、近年では党派性自体が変容していることを折り込んでいく必要が生じている。有効需要政策を通じて完全雇用を達成しようとするケインズ政策の有効性が低下し、新自由主義の発想が社会に浸透していくなか、左派政党は伝統的な国家による再分配政策へのコミットメントを弱め、市場の活用を一定程度で容認するようになってきているからである。つまり、財政政策をめぐる選択肢の幅は狭くなっているため、党派性の影響はマクロな財政政策や予算配分ではなく、ミクロな政策プログラムの設計レベルにおいて確認される傾向が強まっている。

党派性理論はその論理からして政党組織理論と表裏一体の関係にある。政党の政策志向が異なるのは、政党というのはそもそも拠って立つ価値観が異なるからである。しかしながら、そうした理念レベルでの対立にとどまらず、それぞれの政党が固有の、つまりは相互に排他的な支持基盤を持つことが、異なる政策志向を表出させ固定化させてきたのである。社会における利害・価値観の「亀裂」に応じて政党が形成されてきたことを考えれば、党派性(政策志向)が政党組織によって実体を与えられているのは至極当然のことであろう。

政党組織もまた経済社会の変化に応じて変容していく。工業化時代においては、左派政党は労働者(ブルー・カラー)の支持に依存し、右派政党は資本家やホワイト・カラーからの支持を調達するというのが通説的理解であった。しかし、脱工業化と労働人口減少は女性労働者や移民労働者の割合を増やし、労働者のホワイト・カラー化を進め、さらには不安定雇用や失業者を生み出した。男性組合員に依存してきた左派政党は労働者の多様化に応じた組織変容を迫られたのである。新しい支持基盤としてホワイト・カラーや女性の票に目をつけ、リベラルな政策やジェンダー平等的な政策に取り組むことで党勢を回復させるというのが一般的なパターンである。

政党組織基盤の変容は固定的な支持層の減少と新しい支持層との緩やかな関係構築を伴うが、新しい支持層は労働組合のような確固たる組織を形成していない。したがって、支持基盤の変容とは具体的には構成員の変化と流動化の同時進行を意味する。支持基盤の流動化は同じ支持層を狙って政党間の競争を激化させることになる。

選挙競争理論というのは、政党の政策位置を空間的に捉え、政党がそれぞれ他政党との差別化を図りつつ得票につながるような立ち位置を探り当てる行為を説明するものである。政党と支持者との関係が流動化すると、政党は固定的支持層との関係性に縛られなくなるが、同時に新たな顧客開拓の必要性に迫られ、他党との競争のなかで政策位置を確定していく誘因が強まるのである。

このとき、政党は人気の高い争点、また実現可能性が限られる争点に関しては合意し、非争点化する誘因を抱く(合意争点化戦略)。合意争点で選挙が行われると、政党間競争は政策ではなく実行力をめぐって繰り広げられることになる。ほとんどの政党が主要争点で合意していては、違いは政権運営力にしか求められないからである。この場合、政権党が比較的良好なパフォーマンスを続けていれば政権党に有利に働き、逆に何か失点があると不利に働く。人びとが政権のパフォーマンスを評価する際の最大の指標は景気であり、それ以外には突発的に噴出する外交案件や政治スキャンダルへの対処も評価に影響を与える。

支持者との関係が流動化すると、確かに合意争点化戦略への誘因が強まるが、しかしながら政党は自らを差異化し、独自の存在意義を訴える必要性にも迫られる。差異化するとしても、採り得る経済政策の幅が狭いと政党が判断するなら、予算配分にはあまり影響を与えない文化領域で政党間競争が展開されることが予想される。

党派性の衰退

以上のことを日本の文脈に即して考えると、政党対立軸の不明瞭化は党派性の衰退として捉えることが適切であると分かる。これは責任政党政府が実現しないことと密接な関係がある。

政党政府が成り立つためには、有権者と政党が党派性の相違を理解している必要があり、そのためには政党対立軸は一次元で形成される必要があるという指摘がある[Mair 2008; Thomassen 1994]。一次元の左右軸上に各政党を配置することができない場合、対立軸が二つかそれ以上あることになるが、そのような場合は、有権者と政党との間に代表とアカウンタビリティに基づいた関係性を樹立することが不可能になる。なぜならば、ある政党が選挙で勝利した際に、有権者がどの争点軸の、どの政策位置でその政党を支持したのかが不明確になるからだ。つまり、政党を通じて有権者が代表され、政党が選挙での負託に基づいて政権運営を行い、問題があれば次の選挙では落選するという代表とアカウンタビリティが作用するためには、前提として一元的な左右軸が共有されている必要がある。

ポスト五五年体制においては、政策対立軸が不明瞭になったと述べてきた。一元的な左右軸が責任政党政府の基盤なのであれば、日本において責任政党政府が実現しない理由は、政策対立軸が不明瞭化したこと、すなわち左右軸の衰退に求められる。みんなの党や日本維新の会を「第三極」とメディアは位置づけてきたが、ここに端的に左右軸の認識構造が瓦解していることが見てとれる。原発政策、ＴＰＰ（環太平洋戦略的経済連携協定）、安全保障政策、経済政策などがそれぞれ別個の対立軸を形成しているかのように認識される限り、政党間の対立構図は複雑になり過ぎ、有権者は何を選択しているのか、政権党は何によって選ばれたのか、その意味を共有することは不可能になる。

左右軸が消失した理由について、グローバルな傾向と日本での展開の双方を押さえておく必要があるが、日本の特殊な事情としては左派の瓦解という事実を強調しておきたい。日本なりの左右軸を形成していた五五年体制がポスト五五年体制へと変遷していく過程で、左を構成していた社会党が基本的には消滅した点が決定的に大きな影響を与えているのである。

一九九〇年代の〈自民党〉対〈新自由主義〉の構図を左右軸上に位置づけることは難しく、また位置づけられないことにこそ、ある意味〈新自由主義〉的な新党の存在意義があったといえる。二〇〇〇年代以降に自民党が新自由主義的傾向を強めることで新たな対立構図自体が漂流してしまうわけだが、それに替わり〈新自由主義〉対〈リベラル〉という左右軸が浮上したのは当然の帰結である。選挙競争の論理からすれば、有意な左右軸は〈新自由主義〉対〈リベラル〉あるいは〈新自由主義〉対〈社民主義〉しかあり得ず、だからこそ民主党も政権交代時にはこのようなリベラルな立ち位置を演出することになったのである。しかしながら、左派政党が瓦解した日本で、短期間のうちに〈リベラル〉を対立軸に仕立てていくにはあまりに無理があった。理念的な整理の時間もなかったが、それを支える組織的基盤が欠落していたのである。

組織政党の衰退――カルテル政党論

党派性の衰退は、別の観点から見れば組織政党の衰退でもある。政党と支持者との関係が流動化したことが、責任政党政府の実現を妨げている一因である。なぜなら、実質的な政党間競争を起こすためには、二大政党が異なる支持層からなかば排他的に支持を集めているという条件が必要だからだ。これが欠ける場合は選挙競争理論が突出し、政党は合意争点化戦略と差異化戦略のせめぎ合いのなか、政策位置を定めていくことになる。有権者からすると、政党は有権者を代表することを忘れ去り、政党間の競争(つまりは党利党略)に専念した存在と映ることになる。

ではなぜ政党と支持者との関係が流動化したのだろうか。脱工業化の進展により組織労働者が減退した点を述べたが、それ以外によく指摘されるのは包括政党化戦略の行き詰まりである。固定的な支持層だけではなく、より広い層の有権者からの支持を調達する包括政党化戦略は、公共財を供給し続けることを伴うが、いずれは「財政の壁」にぶちあたる。財政危機の下で包括政党化戦略を無限大に続けることは不可能であるため、政党は有権者の期待を膨らませすぎないよう気を遣い、自らの責任を回避しようとする。

さらに、選挙キャンペーン技術が発達し、大量のボランティアを動員しなくとも、マーケティング手法を駆使したメディア戦略の有効性が高まってきたことも、包括政党化戦略を時代遅れのものにしている。多くの先進国においてメディア戦略の高まりとともに選挙キャンペーン費用の増加が指摘されているが、このことはボランティア依存を弱めたという意味で、政党と有権者との関係をさらに疎遠なものにし、他方で選挙費用調達のために企業依存を深めるものである。

包括政党化戦略の行き詰まりの結果、政党は「カルテル政党」へと変貌を遂げつつあることがリチャード・カッツやピーター・マイヤー、マーク・ブライスらによって指摘されている[Katz and Mair 1995; Blyth and Katz 2010]。カルテルというのは、政党間競争が充分に競争的ではなく、一部の政党だけが政権に就く寡占的な状況を意味する。さらには、どの政党も似たような政策を掲げるカルテル政党へと変質したという議論である。マーケットの力が強くなり、それに反するような市場介入を政府が行うとマーケットの離反にあうため、どの政権であれ、採り得る政策の幅が狭くなっている。このため、政党はカルテルを結んでいるが如く、有権者に過大な期待を抱かせないように、実行できる政策の幅を狭く見せようとしている。新自由主義の影響が強くなり、グローバル化だから仕方がないという言説が広まると、政府が責任を持てる政策領域は狭くなる。このことは政党にとっては有権者の期待を萎ませ、また伝統的な支持基盤への依存を減らすことにつながる。結果的に、選挙競争は政策をめぐるものではなく、統治能力(経営能力)をめぐるものに置き換わり、民主主義とは実質的な選択肢を提供するものではなく単に選挙が実施されるだけのものに矮小化されていくと、カルテル政党論者は指摘する[Blyth and Katz 2010: 54]。

カルテル政党論者は代表のあり方に関しても、鋭い問題提起を行っている。大衆組織政党においては、支持者は政党に利益実現を「命令委任」していたが、包括政党ではその関係が変質し、政党は国家と市民社会との「ブローカー」(仲介者)の役割を担うようになった。さらには、カルテル政党になると、政党はもはや「国家の代理人」にすぎないと主張するのである[Katz and Mair 1995]。人びとを代表する政党が、その代表機能を逆転させ、国家を代表するものへと変質したのであれば、政党は代表制民主主義を担うどころか、その崩壊の当事者ということになる。つまりは、カルテル政党化は代表制民主主義の停止を意味するのである。

文化政治の再来

自民党が長期政権を維持できた要因の一つは、包括政党化に成功したことにある。そもそもの支持基盤である農業と大企業に加えて、あらゆる産業と中小企業を支持基盤に組み込めたことが自民党の長期政権を支えた。そして日本の経済システムが大量の国債発行に耐えるものであったため、「財政の壁」に突き当たることなく、現在に至るまで利益誘導政治を続行させてきている。ただし、無限に財政赤字を累積させることができないのは明らかであり、また包括政党化戦略の費用対効果自体が低減し、自民党の集票は頭打ちになっていることから、カルテル政党化への誘因は日本においても強く働いているといえるだろう。

実際、選挙は政策の相違ではなく統治能力の相違を競い合うものとなっている。この現象はカルテル政党化の一側面である。一九九〇年代の政治改革は政党本位の選挙を目指し、選挙制度・政治資金改革を通じて有権者による政権選択を表面的には可能にした。しかしながら、党派性が衰退したために、政策のオルタナティブを選ぶことにはつながらなかったのである。さらには、民主党政権下においてカルテル政党化が進んだ(第4章)。

何度も指摘した通り、統治能力(政権運営能力)をめぐる競争はパフォーマンスに大きな問題がない限りは政権党に有利である。ましてや、日本の場合は自民党への挑戦者は政権担当経験の乏しい政党であるから、統治能力の勝負では最初から不利な闘いを強いられることになる。

カルテル政党論者は、諸政党がカルテルを組んだかのように政策の幅を狭めていることを指摘する。確かに、「財政の壁」がある限り、経済政策で実質的なオルタナティブを提示することは困難である。したがって、政党が差異化戦略を図るとき、文化的な領域での相違を強調するようになる。実際、近年の左右軸は経済的争点というよりも文化的争点の規定力が高いように思われる。左がマイノリティの権利、ジェンダー平等、市民的自由、多様性といった価値を重視するのに対して、右はナショナリズム、権威志向、伝統的文化への回帰、排外主義の傾向を強めている。文化的争点は承認をめぐる闘いであり、分配政治のような妥協の成立の余地が少なく、相互に相容れず感情的対立を惹起するものである。

自民党は新自由主義的な政策を志向したことで旧来の支持基盤の瓦解を招き、それを埋め合わせるべく右派イデオロギーの強い集団への依存を強めている［中北二〇一四］。日本会議や神道政治連盟といった団体の政策要求の上位に選択的夫婦別姓反対が掲げられ、「行き過ぎた」性教育のバッシングに見られるように女性の性的自己決定権も標的となっている。また外国人地方参政権への反対や歴史修正主義の浸透も、これらの団体の政策要求である。五〇年前に綿貫が観察した文化政治は時代を超えて脈々と流れ、分配政治の枯渇とともに、表面化したといえるだろう。

では、文化政治の再来は左右軸の復権をもたらし、意味ある形で政党がオルタナティブを提示する責任政党政府の構築につながるのであろうか。右派の主張がどこまでエスカレートするかによるが、民主主義の基盤である基本的人権や言論・結社の自由まで抑圧するのであれば、それは競争的民主主義を超えた、まったく別の政治体制への移行を意味するであろう。むしろ「文化戦争」とでも呼ぶべき状況であり、根本的価値観において分裂した社会で安定的な民主主義を営むことはもはや不可能である。

政党が見失ったもの

カルテル政党化現象は政党の代表機能を停止させるが、他方、文化政治の到来は社会の分裂を進めるだろう。これまでの議論から引き出されることは、代表制民主主義を安定的に営むためには、責任政党政府の実現に向けて、党派性の再規定と政党の社会基盤の強化が何より急務であるということだ。ポスト五五年体制において、政党は党派性にしても社会基盤にしても弱める方向で刷新を行ってきた。そのことがむしろ新しい時代に適応する政党像として称揚されてきた面もある。

二大政党制、政権交代、政権選択、政治主導——これらの言葉は一九九〇年代以降の政治改革の方向性を規定した重要な規範的概念であるが、どれも責任政党政府の一側面を切り取ったものでしかない。責任政党政府論という形で統合的に政治改革が追求されたのではなく、むしろ政権交代のためには二大政党制が望ましいというように議論が矮小化され、政権選択の負託に基づいて政治主導で政策を実施するという意味での政治主導論は、アカウンタビリティを欠落させた単なる官邸リーダーシップ論に置き換えられてしまった。言葉が矮小化されたり意味転換したりすることで見失われたのは、政党政治を通じてどのように人びとを代表していくのかという論点である。

一九九〇年代に小沢一郎が導入を主導した小選挙区制が、そもそも強いリーダーシップを実現するための手段として位置づけられていたのだとしたら、その政治改革の目的は、政党間競争が不活性化することで実現を見たといえるだろう。しかしながら、その結果もたらされたものが代表制民主主義の機能不全だったとしたら、あまりに大きな代償を払っているといえるのではないだろうか。

第3章

参加を考える

——議会の外の代表制／性

私たちの声を議会に届けるには、議会の外側に存在する「参加」の回路も重要な役割を担う。議会の前段階の政策過程には当事者がより直接的に参加している。ここでは、他者である政党／政治家が代弁するよりも、当事者本人が語ることが多い。とはいえ、すべての当事者が参加するわけではない以上、当事者の代表性もまた問われてくる。

さらには、政策過程の外側には直接行動を通じて異議申し立てを行う人びとがいる。外側で発せられた声を内側に届ける役割を、内側において代表する人びとが担っている。

一九九〇年代の政治・行政改革を経て、政策過程における代表制／性は大きく変容し、「少数派」が影響力を増大させるようになっている。つまり、「参加」が狭められているのだ。

本章では、政策過程の変容を振り返りながら、責任政党政府の形成には「実質的な競争」と「包括的な参加」が不可欠であることを論じる。参加の回路を広げていくことが、代表制民主主義を再生させる鍵なのだ。

1　政策過程における代表制／性

政策が立案され執行されるまでに、政府と市民社会とのあいだにはさまざまな回路が存在し、政党を介さなくても私たちの声の一部は政策に反映されている。議会が関与するのは長い立法過程の最終段階であり、執行過程まで含めるなら、議会は政策過程の折り返し地点に位置するにすぎない。議会における審議の前段階では、当事者がより直接的に参加できる機会が広がっている。

問題は、参加の包括性がどの程度実現しているかである。日本はそれまでの「合意形成型民主主義」から「多数決型民主主義」へと移行しつつある。その結果、議会の前段階への参加の可能性は狭められている。

政策コミュニティとしての審議会

政策は、法律の制定や予算配分の決定など国会の賛同を得て通常は決定されるが、大綱や計画などの閣議決定や政令・省令などを通じて形成されるものもある。国会の議決を経ないで政策が作られることは民主的であるとはいえないかもしれないが、責任政党政府が機能している限りにおいては、内閣は有権者にアカウンタビリティを負っている存在であるため、閣議決定も民主的な統制下にあると考えられる。

国会の議決を経るにせよ経ないにせよ、最終的な決定に至る過程には官僚、利益団体、有識者、専門家など多くのアクターが参入し、意見調整や利害調整が行われる。では、政策過程における「参加」はどの程度実現しているのだろうか。

政策過程に誰が参加し、どのような調整が行われるかは政策領域ごとに大まかなパターンがある。突発的な案件や大きな制度改革を除いて、政策過程はある程度制度化され、似たような顔ぶれが「政策コミュニティ」を形成し政策を決定している。「原子力ムラ」という言葉があるように、日本語では「政策ムラ」と言い表したほうがピンとくるかもしれない。

ムラの決定は合議が基本であり、利害を調整し合意できる着地点を見出す。合議がうまく機能するためには、基本的論点に関して合意が成立していることが必要である。合議はさまざまな見解を汲み取ることのできる決定方式であるが、合議という形式を追求しすぎると、異なる意見を排除するメカニズムに転化しかねない。したがって、誰が政策過程に参入を許されているのか、つまりムラの住人は誰なのかは、その決定システムの民主的正統性を考える際に極めて重要な点である。

日本において合議制の仕組みは審議会が公的に位置づけられることによって制度化されている。審議会とは、国家行政組織法八条または内閣府設置法三七条・五四条によって規定され、「法律または政令の定めるところにより、重要事項に関する調査審議、不服審査、その他学識経験を有する者等の合議により処理することが適当な事務をつかさどらせるための合議体の機関」である。よく知られているものとしては、税制調査会、中央教育審議会(中教審)、地方制度調査会(地制調)、法制審議会などがある。審議会のほとんどは諮問機関であり、すなわち諮問に対して意見を述べることを任務としており、答申に法的拘束力はない。ただし、一部は参与機関としての機能を有しており、付議されたことに対して議決を行うという意味で実質的に意思決定を行うことがある(不服申し立ての審査の場合など)。この場合、その決定は法的拘束力を持つ。また、地方自治体も地方自治法に基づき、法令または条例により審議会を設置している。

法律に基づく審議会とは別に、行政が設置する懇談会や協議会といった名称の会議も存在する。市民や関係団体、専門家の声を汲み上げる機能の一部を担っている。

審議会は基本的には諮問機関であり、その意見は尊重されるべきものであるにせよ、決定の責任は行政機関の長が持つことになる。人選を行うのも行政機関である。しかしながら、審議会は権威づけ機関としては大きな役割を果たしており、このことから審議会は官僚の「隠れ蓑」であるとの批判が往々にしてなされてきた。この批判に応える形で、二〇〇一年の中央省庁再編の折に審議会の統廃合が進み、二二の基本的政策型審議会と四二の法施行型審議会と幾つかの時限的存置の審議会に整理され、行政責任の明確化が図られた(一九九九年に「審議会等の整理合理化に関する基本的計画」が閣議決定)。

この改革が行政責任の明確化を打ち出したことは、それまでの審議会が責任の一端を担うような存在であると認識されてきたことを逆に示唆する。権威付与を主目的とするにしても、その意見が尊重されなければ権威が否定されてしまうため、結果的に実質的な意思決定機関に転化してしまうのである。つまり、審議会の意見が尊重されるような答申を出すべく、関係者の利害・意見調整が答申作成段階で図られることになる。

こうした意思決定システムは「合意形成型」と呼ぶことができる。審議会が広く社会各層の代表を含んでいる限りにおいては、そこでの調整は社会的合意を形成する重要な機能を果たしているといえるだろう。他方、審議会は行政責任を負う主体ではないため、責任の所在が不明確であるという問題が常につきまとう。

二〇〇一年に審議会が統廃合され行政責任が明確化されたことは、責任を問えるという意味では、民主的統制を強める改革ともいえるかもしれない。しかしながら、実際に、より「民主的」になったのかどうかは、別途検討が必要である。なぜなら、審議会の整理合理化は二〇〇一年の中央省庁再編とともに内閣機能の強化の一環として行われたものであり、トップダウンの意思決定を補完することが意図されていたからである。

例えば、審議会の整理合理化と同時に消滅した機関として社会保障制度審議会がある。これはGHQ（連合国軍総司令部）の覚書に基づいて設置された機関であり、日本が戦後新たに社会保障制度を整備するにあたり、計画と推進を担う中核的機関として、関係団体、学識経験者、関係行政官庁、国会議員のそれぞれ一〇名から構成された。審議会のなかでは唯一勧告権を持ち、独自の事務局も有しており、解散まで二度勧告を出し、日本の社会保障制度の根幹を方向づけた。内閣と同列に位置づけられた社会保障制度審議会は、占領期の遺産であり、日本の審議会制度ではユニークな存在であったが、合意形成型の政策過程の一翼をなしていたといってよいだろう。この廃止はトップダウン型の政策過程の出現を補完するものである。

官邸主導の強化

これまで見てきたいわゆる審議会の他に、政策決定に関して意見を述べたり勧告したりする権限を持つ機関がアドホックに設置され、首相のリーダーシップを支えてきた。古くは一九八〇年代の第二臨調(第二次臨時行政調査会)がその典型であり、国鉄民営化を断行するために設置され、そこで利害調整が図られた。抜本的な制度改革の際にはこうした機関が設けられるのが常であり、地方分権や民営化などの大きな方向性を時の政権が政治的に決定したうえで、具体的な制度設計に関して利害関係者や有識者を交え、事務局(官僚)が調整作業を担うのである。

こうしたアドホックな機関とは別に、内閣機能を強化する目的で、内閣府には重要政策会議が置かれている。二〇〇一年の出発当初は、総理大臣または内閣官房長官が議長を務める経済財政諮問会議、男女共同参画会議、中央防災会議、総合科学技術会議の四つが設置され、総理大臣および担当大臣に意見具申する仕組みが整えられた。なかでも経済財政諮問会議は、小泉首相により「最も重要な会議」と位置づけられ、小泉改革を押し進める「エンジン」の役割を担った。もっとも、経済財政諮問会議の重要性が高まったため、その反動として民主党政権ではこれを休止した。第二次安倍晋三政権で復活はしたものの、小泉時代ほどの役回りは演じていない。代わって、新たに国家戦略特別区域諮問会議が設置され、安倍政権の経済構造改革を下支えしている。

内閣府の重要政策会議のこうした変遷を見てみれば、常設機関であるとはいえ、どのような役目を果たすかに関しては官邸の意向に依存しており、官邸主導の装置の役回りを演じるかどうかは、時の政権の政治的意志にかかっていることが分かる。

第二臨調以降、首相のリーダーシップを補佐する会議体が設置されるようになってきたことは、一九九〇年代の政治・行政改革が「合意形成型」から「多数決型」への民主主義への移行を目指してきたことを反映している。前章で見てきた通り、小選挙区制導入を含む制度改革は日本の民主主義を多数決型へと移行させる契機となった。さらには、橋本龍太郎政権(一九九六—九八年)において中央省庁の再編や内閣機能の強化が策定され、行政機構としても首相の強いリーダーシップを支える仕組みが整えられた。

首相のリーダーシップを支える会議体は、方向性はすでに政治的に決定されているという意味で「多数決型」といえるだろう。すなわち、議会の多数派が組閣した内閣の意向に添って設置され、その政治的意志の実現のための装置として機能している。通常の審議会が政策コミュニティを形成し、ある程度包括的に社会の意見を反映させることを目的としているのに対して、多数決型の機関は時の政権の政治的意志の実現を目的とする。議会の多数派の支持は得ていても、社会の多数派の意見を吸い上げることに、その存在意義があるのではない。ましてや、社会を包括的に代表することは、多数決型の機関の趣旨に反するとさえいえるだろう。

五五年体制では自民党の長期政権が常態化していたものの、一党優位体制に合意形成型の政策過程が組み合わさることで、チェック・アンド・バランスを一定程度確保してきた。審議会に加えて、与党事前審査もまた合意形成型の政策過程の一環をなしていた。すなわち、内閣提出法案が閣議決定されるに先立ち、自民党は法案を審査し、必要な場合は支持団体との利害調整を行ってきたのである。他方、ポスト五五年体制では多数決機関の影響力が強まり、首相のリーダーシップを支える仕組みが整えられた。強いリーダーシップが民主的な正統性を得るためには、政権選択の選挙と政権交代の可能性――すなわちアカウンタビリティの確保――が必要である。しかしながら、前章で論じたように、実際には責任政党政府の確立を見なかったために、民主的統制のきかないフリーハンドのトップダウン体制が構築されつつある。

2　労働政治から見た代表制／性

ここでは、合意形成型民主主義から多数決型民主主義への移行を労働政治の観点から掘り下げ、代表制／性の観点からどこに問題があるのかを見てみよう。労働政治というのは、働くときのルールや条件を決める政治のあり方である。

なぜわざわざ労働政治に焦点を当てるのか、不思議に思われるかもしれないが、労働政治は民主主義を考えるうえで極めて重要である。労働組合というと今日では圧倒的に負のイメージが強い。しかしながら歴史的には、民主的で公平な社会の実現のために組織労働者は重要な役割を演じてきた[Levi 2003]。団体交渉を通じて賃金の上昇と平準化を実現し、またロビー活動や大衆行動を通じて最低賃金制度の創出や改定、社会保障制度の拡充にも寄与した。職場における諸権利の拡大もまた労働運動の成果である。さらには、「労働組合は民主主義の学校」という表現が示すように、多くの人にとって最も身近な社会である職場において「民主的」に物事を解決することの実践は、国政・地方政治における民主主義の文化を涵養する効果を持つ。戦後日本の職場における労働運動の盛り上がりと（部分的であれ）要求の実現は、民主主義への希望を喚起するものであったはずである。

労働組合に対するこうした積極的なイメージは、現在では相当に色褪せてしまった。官公庁の労働組合におけるヤミ手当やヤミ専従の実態が明らかにされるにつれ、労働組合はそれらの既得権を守ろうとする抵抗勢力と批判されている。民間企業の労働組合も批判を免れることはできず、彼らは男性正規社員の既得権だけを守る存在であり、結果として女性や非正規労働者に皺寄せが及び、格差の拡大を助長しているとの批判さえ聞こえてくる。

こうした労働組合の評価の逆転も、実は多数決型民主主義への移行と深く関連している。

日本の政治体制――利益団体政治論

日本の政治体制をめぐる議論として、一九八〇年代には多元主義・コーポラティズム論争が隆盛を極めた。第1章でも言及したが、多元主義とは、さまざまな利益団体が自由に結成され、互いに競合することによって社会の多元的な利益が政策に反映される政治体制である。他方、コーポラティズムは、労働組合の頂上団体（ナショナル・センター）が制度的に政策に関与する体制であり、根幹的な政策は政労使の合意によって決定される。アメリカやイギリスでは多元主義的傾向が強く、北欧・大陸ヨーロッパではコーポラティズムの傾向が一般的に強い。

日本を多元主義と位置づけるには、政府の介入や統制が強く、また特定利益団体の政策過程への関与が強すぎる。しかしながらコーポラティズムと規定するには、労働組合も左派政党も弱い。したがって、一九八〇年代には双方に形容詞を冠したうえで日本への適用が試みられた。「一党優位型多元主義」「仕切られた多元主義」「パターン化された多元主義」「官僚主導大衆包括型多元主義」「労働なきコーポラティズム」などである。(1)

他方、同時期のアメリカでは、チャルマーズ・ジョンソンの「発展指向型国家」論が大きな影響力を持っていた〔ジョンソン一九八二〕。官僚主導で産業政策を実施したことが日本の成功の秘訣だと論じたジョンソンの議論は、日本をエリート支配の国として理解するものであり、この時期一つのスタンダードを形成したといってもよいだろう。それゆえ、ジョンソン以降の研究は、日米両国においてジョンソンの見方を乗り越え、多元主義的要素（族議員や業界団体の影響力）を見出すことに腐心した。影響力を持ち得たのは財界や大企業だけではなく、自民党が票田とする農業団体や中小企業も含まれたため、日本の政治体制はエリート支配とは異なり、「多元的」すなわち「民主的」であると主張されたのである。

多元主義と対比されるコーポラティズムは、一九八〇年代に戦後ヨーロッパ政治の分析概念としてフィリップ・シュミッターが復活させた〔シュミッター一九八四〕。その背景にあったのは、アメリカの多元主義よりもヨーロッパのコーポラティズムの方がより民主的であるとの判断である。しかしながら、日本政治研究では、対比する対象が戦前との連続性を強調するエリート・モデルであったために、戦後日本における多元的要素の発見は民主主義の前進を意味するという解釈をもたらし、

（1）猪口〔一九八三〕、村松・伊藤・辻中〔一九八六〕、佐藤・松崎〔一九八六〕、Pempel and Tsunekawa [1979] など。

多元主義に対する批判は、この時期の日本ではあまり大きな影響力を持たなかった。「民主主義の黄金期」の担い手であるはずの組織労働者に関していえば、当時の多元主義論者もコーポラティズム論者も、労働者の代表が日本の政治過程から排除されている点では認識を共有していた。「労働なきコーポラティズム」という名称はそれを端的に表現している。その一方で、労働のなかでも労使協調路線の大企業民間労働組合が体制内に組み込まれている点を肯定的に評価する修正的見解も出された［久米一九九八］。一九八〇年代は日本経済の絶頂期でもあり、日本的雇用システムは礼賛の的となっていた。大企業民間労働組合が協調的労使関係と引き換えに、政策過程への一定の関与を深めたことも事実である。石油危機以降の低成長は、税制や行政改革などの主要な政治争点において民間大企業の労使の利害を一致させていた。

ところが一九九〇年代以降は状況が一変する。バブル経済崩壊以降、日本経済は長期にわたる景気後退を経験し、企業業績が回復しても、雇用面においては非正規雇用の増加、賃金格差の拡大、働く貧困層の出現など、労働が再び社会問題として論じられる状況が生まれた。他方、組織労働者の影響力は衰退の一途をたどった。労働組合員数は一九九四年以降減少し続け、組織率は九四年には二四・一％であったのが、二〇〇三年に二〇％を割り、二〇一三年には一七・七％にまで落ち込んだ（厚生労働省「労働組合基礎調査」）。集団的労働争議は激減し、代わって個別労働争議が増加した。労働問題の再燃の前に、日本の労働組合は「蒸発」したと評されるまでに弱体化したのである［ドーア二〇〇六］。

多数決機関の出現と新自由主義的労働市場改革

さらには政策決定過程においても重要な変化が見られる。労働市場改革に関する政策決定が労働組合を排除する形で進められるようになったのである。一九八〇年代においては労働組合の——正確には連合(日本労働組合総連合会)の——政策参加が顕著であったのに対して、九〇年代半ば以降は労働組合が最も利害関係を持つ労働市場改革において、連合が排除される局面が出現した。

労働分野の法改正には労働政策審議会の諮問・答申の手続きが必要である。審議会は、公益委員・労働者代表委員・使用者代表委員の三者構成を原則としており、労使の委員は同数である。これはＩＬＯ(国際労働機関)でも謳われている労使参加の基本原則である。

ところが、規制緩和小委員会(一九九五—九七年)が設置されて以降は、同委員会およびその後継機関が労働市場規制の緩和に関する政策提言を行い、それが審議会での調整に先立ち閣議決定される事態がしばしば生じるようになった。後継機関とは、規制緩和委員会(一九九八—九九年)、規制改革委員会(一九九九—二〇〇一年)、総合規制改革会議(二〇〇一—〇四年)、規制改革・民間開放会議(二〇〇四—〇六年)、規制改革会議(二〇〇七—一〇年、二〇一三年—現在)である。

多数決機関の出現は、それに内在する権力関係を大きく変容させることになった。(厚生)労働省の審議会では労働者代表と使用者代表は同数が任命されるのに対して、規制緩和関連の会議には、当初は労働者代表が一名含まれていたものの、総合規制改革会議からはその枠さえなくなった。他方、総合規制改革会議には労働市場の規制緩和に商機を見出す業界関係者が二名含まれていた。つまり、三者構成の審議会が扱っていた労働に関する案件を規制緩和関連の会議が取り上げた結果、労使のバランスは使用者に有利な方向に変えられてしまったのである。

表1に規制緩和関連の会議が提案した労働市場規制緩和に関する案件とその成果をまとめた。＊印がついているのは、法制化が断念されたり、あるいは提言とは逆の内容で法制化されたりしたものである。一九九〇年代後半から二〇〇〇年代前半に多くの改革が集中していることが見て取れるだろう。規制緩和関連の会議が新自由主義的改革を先導したことが分かる。

他方、二〇〇七年以降は提言が立法化されなかったり、むしろ逆の方向で法制化されたりするケースも出てきている。二〇〇七年というのはねじれ国会が出現したタイミングである。実は、多数決機関の出現は、奇妙なことに国会審議の役割を高めることになった。なぜなら審議会で「結論ありき」の状態で議論が進行したため、労働側との調整が充分になされないまたびたび答申が出されてしまい、労働側が国会審議において修正を獲得すべく攻勢をかけたからである。二〇〇七年から〇九年までのねじれ国会においては、連合は民主党を通じて多くの国会修正を勝ち取ることに成功している。この時期は格差が社会的関心を集めており、二〇〇八年末には日比谷公園に「年越し派遣村」が設置され、「派遣切り」が社会問題となっていた。社会的な追い風もあり、規制緩和の流れが一時的に中断するのである。

審議会における合意形成が機能していた時には、国会審議の重要性はむしろ低かった。議会外で労働者側の意見が代表されていたからである。ところが、ひとたび官邸主導で方向性が決められるようになると、決着が国会まで持ち越されるようになり、逆に国会の重要性が高まった。

もっとも、国会での決着にはそもそも限界がある。なぜならば、トップダウンの意思決定方式が

表1　規制緩和関連会議の提言する労働市場規制緩和と法改正(1995-2010)

	主要な提言	法改正
規制緩和小委員会	労働者派遣のネガティブリスト化	1999年　労働者派遣法
	有料職業紹介のネガティブリスト化	1999年　職業安定法
	裁量労働制の緩和	1998年・2003年　労働基準法
	労働契約期間の緩和	1998年　労働基準法
	女子の時間外・休日・深夜労働規制の撤廃	1997年　労働基準法
規制緩和／改革委員会	解雇規制の法制化	2003年　労働基準法*
総合規制改革会議	ホワイトカラー・エグゼンプション(残業代ゼロ制度)	法制化断念(2007年)*
	金銭賠償制度	盛り込まれず*
	派遣の期間制限撤廃	2003年　労働者派遣法(期間延長)
	産別最低賃金の撤廃	2007年　最低賃金法*
規制改革・民間開放会議	ハローワーク業務の市場化テスト	2006年　公共サービス改革法
	無料職業紹介の市場化テスト	廃案(2009年　公共サービス改革法)*
規制改革会議	労働法のパラダイム・シフト	なし*

出現した背景には、国会の多数派が内閣に権力を預けている事実があり、その多数派が支持する内閣によって提出された法案を多数派が否決することは、自己矛盾に陥るからだ(内閣と国会多数派の対立が解消されなければ、内閣不信任決議という事態にまで発展する)。したがって、多数決型民主主義からすると、国会の論戦で法案が修正されることは逸脱事例なのである。日本の場合、多数決型民主主義に移行しつつあるとはいえ、参議院が強い力を持っているうえにねじれ国会の出現もあり、完全に移行したわけではない。結果的に、議会外での調整の不備を補う形で、国会での審議・修正が実質的な意味を持ち得た時期があったのである。

第二次安倍政権では、多数決機関である規制改革会議が官邸主導を補佐し、労働者派遣法の抜本的見直し(生涯派遣労働者となる制度)やホワイトカラー・エグゼンプション(労働時間法制の適用除外、政府は高度プロフェッショナル労働制と呼ぶが、残業代ゼロ制度として一般に知られる)を提言した。さらには労働政策審議会もまた、時の政権の政治的意志に従う多数決機関へと性格を変えつつある。その結果、労働側の意見が反映されない労働市場改革が進められ、国会審議の重要性を再び高めることになった。しかしながら、国会ではねじれが解消され、衆参両院とも与党が圧倒的多数を占めているため、チェック・アンド・バランスが図られる状況にはない。二〇一五年の通常国会において労働時間法制(労働基準法改正)は継続審議となったが、労働者派遣法の改正法は労働団体や当事者(派遣労働者)の強い反対にもかかわらず成立した。国会審議が歯止めとならない、ノー・チェックの「決められる政治」が進行する事態が出現したのである。

審議会はなぜ嫌われたのか

労働をめぐる公共政策の意思決定が労働政策審議会から規制緩和関連の諮問会議へと場を移し、合議の審議会が半ば迂回されるような事態が生じたわけだが、なぜ審議会は嫌われたのだろうか。

審議会による合議は、前述の通り、本来は合意形成型民主主義を実践するものである。関係者が参加し、討論を経て合意形成が図られるからである。とりわけ労働問題に関しては、当事者である労使が自主的に、あるいは政労使の枠組みで、意思決定を行うことは「産業民主主義」と呼ばれ、民主的正統性を与えられるものである。しかしながら、現行の審議会方式のあり方に問題がないわけではない。

第一に、参加者の正統性にまつわる問題である。参加者の当事者性が担保されてはじめて審議会方式は民主的正統性を獲得する。使用者団体はさしずめ問題がないとしても、審議会の労働者代表のあり方に関しては、左右から批判が起きている。

右からの批判としては、規制改革会議（二〇〇七―一〇年）が急先鋒であった。同会議の労働タスクフォースが二〇〇七年五月に発表した「脱格差と活力をもたらす労働市場へ――労働法制の抜本的見直しを」では、労働政策の立案のあり方に関して検討を開始すべきであるとし、「主として正社員を中心に組織化された労働組合の意見が、必ずしも、フリーター、派遣労働者等非正規労働者の再チャレンジの観点に立っている訳ではない」と指摘し、現行の利害団体の代表が調整を行うやり方に代わり、「フェアな政策決定機関」に政策決定を委ねるべきであると主張している。

左からは、連合のみが排他的に労働者代表を務めている点が非連合系の労働運動から批判されている。連合は非正規労働者や少数組合の利害を代表せず、安易な妥協を図りがちだというものである。

左右では立脚点が異なるものの、審議会の労働者代表が労働者全体を代弁するものではないという点では認識が一致している。つまりは組織率が二割を下回り、非正規労働者が四割近くになり、そのほとんどが組織化されていないという現状において、労働組合の、また連合の代表性が問題視されたのである。

審議会方式の第二の問題点は、当事者が長時間話し合ったとしても、合意に至らない場合があるということである。合意に至らない以上、決定することができず、結果として現状維持が過度に選択されるという問題が生じる。これは合意形成型民主主義、あるいは熟議民主主義に内在する問題といえる。熟議民主主義は、討論を通じて参加者の意見が変わることを前提にしており、最終的には共通善に関して意見の一致を見ることを想定するが、議論が平行線をたどることは充分にあり得る。物質的・階級的利害によって労使が対立する労働政治において、「労使の歴史的和解」が成立し得たのは、戦後において高度成長・大量生産大量消費の産業社会の到来があったからである。そうした経済的条件が消失した現在においては、合意の幅は狭まっているといえる。もっとも、分配対立であれば最終的には金銭的解決による合意が可能かもしれないが、文化・価値観対立の要素が加わると、合意を得ることはより困難になる。したがって、審議会方式で有意義な結論を出すためには、根本的価値に関しては一定の合意が成立していることが必要なのである。

以上の点は、従来の審議会方式の限界を示すと同時に、それが今までは機能し得た条件を示すものでもある。すなわち、組織率がある程度維持されていたこと、根本的価値対立に至らない争点が主たる議案であったことである(労働者の権利に関して、かつては使用者側はもっと理解を示していたが、現在はその限りではない)。これらの条件が成立しなくなったがゆえに、つまり審議会での従来の決定方法に不服な政治勢力が、審議会方式を空洞化させるよう制度改革を求めた結果、多数決機関が出現し、審議会自体もまた、合意形成の場から多数派支配の場へと変質しつつあるのである。

3　実質的な競争に向けて

多数決型民主主義の代表制／性

日本が現在、多数決型民主主義への移行過程にあるといっても、憲法の枠内では完全な移行は不可能である。強い二院制が完全移行を阻むからである［大山二〇一一］。では、参議院を排してまで、多数決型民主主義を求める必要性は果たしてあるのだろうか。

多数決型民主主義は、シュンペーターの民主主義論に依拠する。彼は、有権者は政権選択には関与するが、政権運営は政権党に委ね、問題があれば次回の選挙で政権交代を起こせばよいと謳う［シュンペーター一九九五］。強いリーダーシップの創出を重視する論者は、政権運営の自由度が高い多数決型民主主義を支持し、シュンペーターの民主主義論にその正統性を求めるが、代表制／性の観点からは多くの問題をはらむ。

多数決型民主主義の問題点は、何よりも、多数決が保証されないというパラドックスにある。多数決型民主主義が成立するためには、小選挙区制の採用が不可欠である。なぜなら、相対的により多くの票を得た政党がより多くの議席を得る小選挙区制の仕組みを利用することにより、つまりは多くの死票を生み出すことにより、安定的な政権運営が可能になるからである。この結果、議会の多数派は投票者の過半数の支持を得ていることは少なく、まして棄権率が高い状況下では有権者の過半数には遠く及ばない事態が生じる。小選挙区制は得票率と議席率との乖離をあえて生じさせることで、多数決型民主主義を作り出すが、議会の多数派は社会の多数派ではないという意味で「寡頭制」をもたらすものである(第5章図1参照)。

多数決型民主主義の考え方はシュンペーターの民主主義論にその起源を持つと述べたが、シュンペーター主義からは実は多様な民主主義モデルが構想され得るため、多数決型民主主義がシュンペーター主義の唯一絶対のモデルというわけではない。例えば、シュンペーター主義に立脚するイアン・シャピロは、シュンペーター流の民主主義には補足要件を付加しなければならないと主張する[Shapiro 2002]。なぜなら選挙で多数派となった勢力はその権力行使においてフリーハンドを得たわけではなく、反対勢力が弾圧され民主的自由が制限されないためにも、権力行使には一定の制約を設ける必要があるからである。

具体的には、民主的決定において、①意思決定に影響を受ける当事者が参加できること、②過去の意思決定に不服な者が次の意思決定に関与できる余地を作ることを挙げる。審議会方式というものが、まさしく「当事者の参加」と「反対する権利の保障」を担保する仕組みとして機能していたことを考えると、審議会か官邸主導か、という二項対立の思考から脱却する必要性が見えてくる。選挙制度では多数決型民主主義の要素が強くなったとはいえ、政策決定過程においては当事者参加の仕組みを組み込むことで、代表性をより高めることが可能であり、また必要なのである。

さらに、シャピロは一般的に保守的であると解されるシュンペーターの議論は、実はラディカルな側面を持ち合わせていたことを指摘する。すなわち、アナーキー状態に代わるものは権力の独占しかないというホッブズ的な悲観論に対して、競争による権力抑制の可能性を見出したというのである。政治競争を勝ち抜くために政治家は有権者の要求に応答的にならざるを得ず、したがって政治競争そのものが権力を抑制する。立憲主義や二院制、連邦制といった権力分立を重視する自由主義的な制度論ではなく、「競争」により権力が抑制される点に着目するのである〔シャピロ二〇一〇〕。

シャピロの議論は、選挙での勝利が必ずしもフリーハンドを与えるわけではないことを理論的に裏づける。なぜなら、次回の選挙で落選するかもしれないという恐怖が、権力を抑制し応答性を引き出すからだ。この理論は「予想に基づく代表」とも合致するものである。しかしながら、落選する可能性が低ければ、権力抑制と応答性はもたらされず、権力にフリーハンドを与えることになってしまうのである。

多数決型民主主義が低い代表性しか持ち得ない点を補うのが、「競争」と「参加」の双方を活発化させることにあるとすると、日本の現状はかなり問題である。なぜなら、前章で見たように政党間競争は不活発であり、また本章で論じてきたように政策過程においても「参加」はむしろ限定的になってきているからである。

ここで、民主主義の二つの構成要素である「競争」と「参加」をどのように活性化させることができるのか、考えてみよう。

実質的競争型民主主義

「競争」と「参加」は、ともに民主主義を基礎づける重要な構成要素である。ロバート・A・ダールは古典的著書『ポリアーキー』において、自由化（公的異議申し立て）と包括性（参加）の二次元で民主化を論じ、どちらもが満たされている民主主義の政治体制をポリアーキーと名づけた［ダール二〇一四］。参加を欠いたまま自由化（競争）の可能性だけが広がった体制は「競争的寡頭体制」と呼ばれる。政党間の競争の拡大は、参加を伴わないのであればポリアーキーの方向で民主主義が深化したとはいえないのである。

『ポリアーキー』で想定されている参加（包括性）は参政権、つまり選挙に参加し公職に就く権利である。この権利は現代日本において法的には保障されているが、投票率の低さや世襲政治家率の高さに着目すれば、実質的な参加は達成されているとはいえないだろう。さらには、議会外における参加にまで射程を広げれば、政策過程の包括性もまた決して充分であるとはいえないのである。競争が不充分な場合、それは「抑圧的な政治体制」ということになる。二〇一二年の総選挙および一三年の参院選で自民・公明連立政権が勝利を収めて以降、自民党一強多弱時代といわれるようになった。このような状況下では、競争が確保され得ず、ポリアーキーから遠ざかっていることは明らかである。

もっとも、二大政党化しつつあった二〇一二年まででであっても、カルテル政党化現象が進んでいたことを考えると、政党間競争は活発であったとはいえないだろう。二大政党化や政権交代の可能性の増大に目を奪われ、責任政党政府の確立につながるような政党間競争のあり方には、あまり注意が払われてこなかったのではないだろうか。

そうした政党間競争に基づいた代表制民主主義を「実質的競争型民主主義」と規定したい。ここでいう「競争」とは、異なる支持基盤と政治理念を体現する複数の政党が競合することを意味し、政権交代を経験するなかで、政策革新と社会的合意の形成が期待されるものである。つまり責任政党政府の基盤である党派性と政党組織の再生が、実質的な競争の基礎にある。

実質的競争型民主主義が代表制／性を回復させる有効な戦略になりうるとしたら、それは民主主義に実質(substance)を求めるものだからである。一九九〇年代の政治改革は政党本位の選挙を目指し、有権者による政権選択を可能にするものであった。しかしながら、政策のオルタナティブが提示されたとまではいえず、むしろカルテル政党化現象が進行した。政党間の競争が理念や政策をめぐって繰り広げられるのではなく、統治能力や実行力が問われるようになっているのは、党派性が希釈されたからである。ならば、政治理念の対立軸に沿って政党間の競争が繰り広げられること、すなわち競争の実質化を求めていくしかない。

実質的競争型民主主義の立場からは、政党間競争の実質化が何よりも重要な課題となる。具体的には、野党第一党が市民的諸権利の擁護と拡充に一貫してコミットするリベラル・社会民主主義の政党とならない限り、意味のある政党間競争は生まれないということになる。具体的な政策の立ち位置に関しては、第4章および第5章で論じることにしよう。

4　さまざまな「参加」の組み込み方

政策過程への参加の組み込み方

理念をめぐる選択は政治闘争であるがゆえに、開かれた公的空間において政党が行うべきである。

しかしながら、すべてが議場において決定されるわけではなく、議会外の代表制／性も問い直す必要がある。ここでは、競争に代わり当事者の「参加」を求めていく必要があろう。

この観点からすると、政府内の審議過程において代表の包括性を高めようとした民主党政権の試みは評価に値する。例えば、民主党政権は内閣府に障がい者制度改革推進会議を設置し、障がい者施策の推進に関する意見を求めたが、構成員二六人（オブザーバー二人含む）のうち過半数にあたる一五人が障がい当事者または関係者によって占められる画期的なものであった（下部組織の総合福祉部会は五五人のうち二六人が当事者か家族であった）。知的障がいや精神障がいの分野でも当事者参加を実現させ、また審議はインターネットを通じて手話・字幕付きで同時中継され、その場に参加していない人びととの情報共有を保障した。障がい者権利条約の基本精神である「私たち抜きに私たちのことは決めないで！」を具体化した貴重な事例である。

推進会議の第二次意見を踏まえ、二〇一一年には障害者基本法改正が実現し、当事者の意見は一定程度反映されることになった（ただし、障がいのある女性委員は少なかったことから、障がいのある女性の課題は積み残されたとの指摘もある）。推進会議は官邸主導型のアドホックな会議体との位置づけであったが、その後障害者基本法を根拠法とし、内閣府に障害者政策委員会が設置されている。障害者基本計画の策定・変更への意見具申、監視・勧告の権限が与えられ、委員会構成も過半数が障がい当事者・関係者という推進会議の前例が踏襲されたものである。これは当事者参加の一つのモデルを提供している。

民主党政権下ではこれ以外にも、例えば子ども・子育て新システム検討会議を内閣府に設置し、それまで以上のステークホルダーの参加の下に、意見の取りまとめを行った。子ども・子育ての新システムを構築するという方向性は官邸主導で決定したが、会議体における包括性を確保しようとした点では、多数決型の政策過程に参加の契機を組み込んだ一例として見ることができる。

つまり、官邸主導の会議体であれ審議会であれ、重要な点は、そこでの代表性（包括性）である。ステークホルダーは充分に参加を許されているのか、そして参加者の意見は公平に尊重されているのかが問われることになる。連合の代表性に問題があるというなら、連合自体が外に開かれた代表機関として、その代表性を回復させることが有効な解決策となろう。

また、右のケースで重要な点は、障がい者権利条約や子ども権利条約が議論のベースとなっていたことである。特に障がい者制度改革推進会議が障がい者権利条約締結のための国内法の整備を目的として置かれたことは、他の会議体とは異なり、人権への配慮に富んだ会議運営を可能にした。包括性とともに、民主的価値（人権）への実質的関与もまた民主主義の実践には重要であることを示唆している。

参加型ガバナンス――環境政治論からの貢献

代表制民主主義の限界やそれへの不信感を背景に、一九九〇年代から熟議民主主義論が盛んになってきた。熟議民主主義論とは、民主主義を蘇生させる可能性を公的議論の活性化に見出すものである。代表制民主主義は議会主義に基づくが、カール・シュミットによれば議会主義の精神的基礎は討論と公開性にある。討論とは、「合理的な議論でもって相手に真理と正しさを説得し、さもなければ真理と正しさを自分が説得されるという目的によって支配されるような、意見の交換」である［シュミット二〇一五：一三二］。こうした討論と公開性の確保は、シュミットの時代のドイツでも、また現代の日本においても、実現されているとはいえない。議会が熟議の場ではなく、党派的意見対立が平行線をたどる場でしかない場合、議会外における熟議を活性化させることに展望を見出すことには一定の意義がある［例えば田村二〇〇八］。とりわけ「参加」の方法に関して、熟議民主主義論から引き出せることは少なくない。

熟議民主主義は個人の理性に信頼を寄せ、個人が公開の場で議論を重ねることにより、共通善にたどり着くことができると説く。何が公益であるかについて人びとが議論を深めれば、個々の自己利益を超え、人びとが納得できる結論に至る可能性が拓けるというのである。

こうした熟議民主主義は環境政治論の分野において大きな影響力を持ち、「エコロジカル・デモクラシー」（環境民主主義）論とでも呼ぶべき議論の蓄積を見せている。議論の要点は、民主的正統性と政策的有効性を同時に達成できる参加型ガバナンス（政策決定と執行）の構築は可能であるという主張である。両者は二律背反にあるのではなく、民主的正統性の高い意思決定方法は、持続可能性のある経済社会を実現するための有効な政策を生み出すという考え方である。民主的正統性は、参加、対話、透明性、アカウンタビリティを確保することにより、人びとが自省的に振る舞うようになることを期待する。情報操作や権力の行使から参加者が自由になり、公開の場で理性的な議論を通じて出された結論はより賢く正統性が高いという熟議民主主義の考え方に立脚している。参加の方法も、環境問題に関するステークホルダーが多岐にわたり、緩やかなネットワーク型組織であることが多いことを考慮し、ＰＰＰ(官民パートナーシップ)、複数のステークホルダー間の対話促進など、新しい手法が模索されている[Bäckstrand, Khan, and Kronsell 2010]。

こうした議論は環境問題にとどまらず、広くリスクに関わる意思決定の問題と捉えることができるだろう。大規模災害、原発事故、テロ、世界金融危機、食の安全、疫病の大流行など、私たちはさまざまなリスクに取り囲まれており、適切なリスク管理は世界的な政治課題である。エコロジカル・デモクラシー論から引き出されるのは、リスク社会ではアカウンタビリティ、振り返り、調査、異議申し立てなどが確保されることが重要であるという点である。とりわけ東京電力福島第一原発の事故を経験した日本では、閉鎖的な専門家のコミュニティ(原子ムラ)内での意思決定に対して、市民からの不信感は根強い。信頼感を醸成するリスク・コミュニケーションや意思決定方法は、いまだ実現していない重要な社会的課題である。

解決策の一つとして、参加型のリスク・コミュニケーションが重要な役割を担うことが考えられる。もっとも、一般市民に開かれた参加型の方法も、参加者の正統性(つまりは代表性)、議論の進行の公平性、会議の結果の扱い(どの程度政策決定に影響を与えるのか)、責任の所在の不明確性、膨大な開催費用、悪用するグループによる乗っ取りの危険性などの問題点がつきまとう[西澤二〇一三]。参加型といっても、実際には組織化された集団、つまりは利益団体が参入し、過大な影響力を行使することになりかねず、それでは利益団体政治と変わらなくなってしまうのである[Young 2003]。

日本の原発対話集会も、形だけは市民参加型を装いながら、主催者が参加者を選定していたり、やらせ質問が仕込まれていたりする例が次々と明るみに出ている。参加者の正統性(つまりは包括的な代表性）と公正な議事進行がなければ、利益団体政治の偽装との批判は免れ得ないだろう。参加型とは形式的に参加を許されていることを意味するのではなく、参加者が自省的に振る舞うことを可能にするためのものである。したがって、情報共有と対話を伴う必要がある。そこでは、専門家が科学的態度を取り戻し、挙証責任を果たすことが何よりも大前提となるのである［影浦二〇一三］。

代表制民主主義がたとえうまく機能したとしても、やはり熟議民主主義的要素を意思決定に組み込んでいく必要があるのは、一つには代表制民主主義によって民主的に統制できる範囲が立法や予算配分に限定されることがある。行政機関が法令に則り企業や市民に安全規制の遵守といった指示命令を下す規制型の行政手法に対しては、議会が立法と監視機能を有している。ところが、近年では排出権取引のように市場原理を組み込んだり、官民パートナーシップのように民間企業との協働で公共サービスを提供したりする事例が増えてきており、これらの行政手法に対しては議会の監視機能は弱い。そこで、新しいガバナンスに参加の契機を組み込むことで、民主的正統性の回復をめざす努力がなされている。

そもそも環境問題は国境を越え世代を越える。代表制民主主義は、国家という地理的に限定された政治的共同体のなかでの意思決定システムであるが、その決定の影響は国と世代をまたぐものである。このように考えると、現時点における日本の有権者が、いくら参加型の決定に参与したとしても、それだけで正統性が担保されるものではないということになる。

環境に関わる意思決定が影響を及ぼす時間的・空間的広がりを考慮すれば、決定の仕組みに関する「手続的正統性」だけにこだわるのでは不充分であろう。今まで見てきたように、決定の仕組み

(手続き)自体にすでに多くの問題が埋め込まれており、手続的な民主的正統性の回復は急務である。しかしながら、それを達成してもなお、次世代への影響など私たちが考慮しなければならない問題は存在し続ける。そうであれば、手続的正統性だけではなく、「規範的正統性」に踏み込んで意思決定システムの正統性を問う必要性が出てくることになるだろう。「規範的正統性」とは自由民主主義を支える価値規範であり、すなわちアカウンタビリティ、透明性、包摂性、熟議から判断するものである[Dingwerth 2007]。さらには、国際規範として確立しているような人権や原則もまた、規範的正統性の実質を与えるものとして、意思決定を評価する際に参照されるべきであろう。

このように議会外の代表制/性を構想し直すためには、代表制民主主義が実質的政党間競争を通じて政府の応答性を高めるのと同時に、ガバナンスに参加を組み込むことで代表性を高めることも必要である。そして、参加者の代表性をより包括的にする手続的正統性のみを確保するのではなく、規範的正統性にまで踏み込んだ評価軸を私たちが持つことによって、はじめて意味のある意思決定システムへと鍛え直すことができるのだ。

直接参加の可能性

もう一つ検討しなければならないのは、直接参加の意義である。当事者が政策回路に組み込まれる機会を増やすだけではなく、抗議活動や社会運動のように政策過程の外側から異議申し立てを行う可能性もまた開かれている必要がある。住民投票や国民投票もまた、重要な参加の機会である。

人びとの要求が政府の政策に反映されること、そうした人びとの要求が平等に扱われることは、民主主義の要件である。だからこそ憲法一六条で請願権が規定されており、私たちは直接的に国会や省庁に対して要望を述べることができる(外国人も未成年も含む)。さらには、デモ、パレードなどの抗議活動を通じて、直接的に政治参加することもできる。代表制民主主義の機能不全は直接行動の活発化をもたらし、世界的に見ても、アメリカのウォール街オキュパイ(占拠)運動、台湾のひまわり学生運動、香港の雨傘革命などが展開しており、日本では3・11を契機として官邸前デモが日常化した。そこでは、「非暴力」と「祝祭性」を意識した新しい政治の表現形式が出現しつつあり、人びとはSNS(ソーシャル・ネットワーク・サービス)を介して路上での直接行動に参加するのである。これを五野井郁夫は「社会運動のクラウド化」あるいは「社会運動2・0」と呼ぶ[五野井二〇一二]。

こうした政策過程の外側からの異議申し立ては、内側における参加を意味あるものとするためにも重要な役割を果たしている。通常、政策過程の内側を「院内」と呼び、外側を「院外」と呼ぶ。外に開かれた代表性のためには、院内と院外をどのように取り結ぶかが重要となってくる。

院内と院外の参加をどのようにつなげるかに関して悩んできた団体として労働組合がある。ここで、民主党政権時代の連合が抱えたジレンマを振り返り、直接参加の意義を考えてみよう(2)。

団体がその要求事項を政策に反映させるための活動には、政権との直接的な政策協議を通じて政策実現を図る活動(インサイダー戦略)と、世論喚起や大衆行動を通じて外側から政権に対してプレッシャーをかけ政策実現を図る活動(アウトサイダー戦略)とがある。院内活動と院外活動と言い換えることも可能である。連合は創立以来、インサイダー戦略を重視してきたが、アウトサイダー戦略の重要性を否定していたわけではなかった。ところが、支持政党である民主党が政権に就いたことで、連合はインサイダー戦略に特化する方針を採った。民主党政権下ではインサイダー戦略とアウトサイダー戦略はトレード・オフの関係になると捉え、前者を有効に進めるためには後者を抑制するべきであるという認識に立ったのである。

労働組合が支援する政党が政権に就いたとき、インサイダー戦略の有効性が高まることからアウトサイダー戦略を控えることは、イギリスでも観察された現象である。労働組合の友好政党が野党の時はインサイダー戦略とアウトサイダー戦略を組み合わせることは矛盾を生じさせるものではないが、政権党の時には両者のバランスを図るのは確かに困難である。政権批判を強めて、かえって政権交代を早めてしまっては元も子もないからである。その意味で、連合がインサイダー戦略に特化するという選択をしたことは不思議ではない。その結果、民主党政権下において、連合は政策過程により深くまた重層的に入り込むことが可能となり、政策実現力を向上させたといえるだろう。

ただし、もう少し長期的な社会変動を視野に入れて考えると、別の評価が可能である。脱工業化とグローバル化の進展は労働組合運動を世界的に弱体化させたが、その一方で深刻な社会矛盾を生み出すがゆえに社会正義を求める社会運動を活発化させてきた。グローバル化への抵抗運動はグローバル・ジャスティス運動として広がりを見せている。労働組合運動のなかには、そうした社会運動との連携を深める社会運動的労働運動または社会運動ユニオニズムに活路を見出し、実際に労働

（2）　より詳しくは、三浦［二〇一四 c］を参照のこと。

運動を活性化させた事例もある。

連合も二〇〇一年より企業別組合主義から脱する方策を模索し、社会運動ユニオニズムの要素を取り入れるようになってきた。二〇〇一年の定期大会で鷲尾悦也会長は、「(連合には)企業別組合の弊害が目立つ。この考え方から脱却しなくてはいけない」と挨拶に立ち、二〇〇三年には連合評価委員会最終報告を受け、定期大会の大会宣言には「私たちは自らの内なる壁を突き破り、より弱い立場にある人々とともに闘うという運動の原点」に立つことが盛り込まれた。

さらには、民主党が政権交代を果たす前段階として、連合は社会的関心の極めて高い案件に関してキャンペーン活動を行っていたことも指摘できる。二〇〇四年の年金制度改正法案に対する「年金改悪阻止」活動、〇五―〇六年の「サラリーマン増税阻止」キャンペーン、〇七年の消えた年金問題に対する「消えた年金記録回復」キャンペーン、〇六年以降の「ストップ・ザ・格差社会」キャンペーン、〇八年末からの「年越し派遣村」への支援活動がある。こうした社会運動的労働運動は連合の存在意義を社会的にアピールする重要な取り組みであり、世論喚起に一定程度の影響を与える活動であったといえよう。とりわけ「年越し派遣村」は、それまで敵対的であった異なる労働運動が結集し、市民団体やNPOなども加わった点でも画期的であった。社会的な連帯基盤の萌芽をここに見ることができよう。

しかしながら、その後の連合はこうした動きを取り込むことに成功していない。民主党政権下におけるアウトサイダー戦略の抑制によって、それまでの流れを止めてしまったようである。3・11以降、脱原発デモや官邸前行動が活発になり、また貧困に関わるさまざまなイシューで直接行動が以前よりも増えている。こうした政治参加の広がりは、個々人の不安や不満を受け止める中間団体が痩せ細り、労働組合もまたそうした受け皿になり得ていないことを示唆するにもかかわらず、である。

インサイダー戦略への特化は、結果的には連合の社会的存在感を弱めることになった。短期的な政策課題と中長期的課題を切り分け、短期的課題ではインサイダー戦略を用いても、中長期的課題に関してはアウトサイダー戦略を保持し、労働問題に対する社会の関心を高めたほうが、むしろ短期的課題においても成果をあげられたとさえいえるだろう。

自公連立政権が復活してからは、連合は社会的連帯基盤の構築に向けて、地域における取り組みを強化している。地域において中間団体を立て直す地道な試みは、参加を広げていくためにも不可欠である。多元主義を支えるさまざまな中間団体の構築は、多中心的で融通無碍な「社会運動2・0」とはまた異なる参加形態であるが、いずれも外側での参加を構成しており、代表者を通じて意思決定に接続されるべきものだからだ。

多様な参加の回路が形成されていけば、私たちもさまざまな形態で政治に参加できるようになり、そして代表者と私たちのあいだの質の高い対話が成立しやすくなるだろう。代表者が実質的に代表するためには、選挙と選挙のあいだに、そうした豊かなコミュニケーションが成立していることが必要であり、実質的な政党間競争をもたらすためにも政治参加の包括性は不可欠なのである。

第4章

「分配」と「承認」をめぐる政治

これまで議会の内外における代表制／性について論じてきたが、ここでは福祉国家に焦点を当て、日本における政党間競争のあり方がどのように「分配」と「承認」をめぐる政治を規定してきたかを論じていこう。

毎回の選挙で福祉国家が争点になるわけではなく、また私たちも政党の福祉ビジョンを吟味して投票しているわけではない。しかしながら、私たちの投票の結果は福祉国家の建設と変遷に大きな影響を及ぼしてきた。その意味で、福祉国家の分析を通じて、代表制／性がどのように実現しているかを知ることができるのである。

第2章で指摘したように、政党対立の変容は分配と承認をめぐる政治を深く規定している。分配／再分配をめぐる政党対立軸の不明瞭化と承認をめぐる対立軸の先鋭化が、福祉国家の機能減退を引き起こし、ケアの赤字を解消からほど遠いものにしているのである。

1　日本の福祉国家の特徴——党派性からの接近

福祉国家をめぐる政策対立は内政における最大の政治争点の一つといってよい。日本の国家予算の三分の一以上が社会保障関連費に充てられるほど国政において大きな位置を占めており、またその政策が人びとの暮らしや生き様に直結することから、福祉国家のありようは人びとの強い関心事項となる。

ところが、毎回の選挙においては福祉国家の規模やあり方が直接的に問われることはほとんどない。政治家の年金保険料未払いや消えた年金問題が表面化し、年金制度の持続可能性やガバナンスが問われた二〇〇四年と〇七年の参院選は例外といってよいぐらいである。もっともこの時も、消えた年金問題の処理に政権党であった自民党がうまく対応できず、それへの「懲罰」が投票行動を促しただけであり、年金制度のあり方そのものが争点となったわけではなかった。

生活に直結し、かつ莫大な国家予算がつぎ込まれている社会保障が選挙において争点化されないとしたら、私たち主権者の意向はどのように反映されるのだろうか。

代表制民主主義と政策決定を結びつける重要な要素は、党派性と政党間競争である。選挙で明示的に争われずとも、福祉国家をめぐって政党が異なるビジョンを持っているのであれば、選挙の結果は政策に反映されることになるからだ。前章で論じた政党間競争を実質化する観点からも、福祉国家をめぐってどのような政党間競争が繰り広げられてきたのかを理解することは極めて重要である。

レジーム論争と日本

福祉国家は社会権を基礎として、人生において誰もが遭遇するかもしれないさまざまなリスク(老齢、病気、障がい、事故、失業など)に対処する制度である。同時に、税・社会保険料と給付を通じて国民国家単位で再分配を行うシステムでもある。リスクに見舞われた後の事後的な補償だけではなく、リスクを軽減する雇用政策や教育政策も福祉国家の一翼を占める。雇用のあり方は事後的な補償政策との関連が強いことから、ここで雇用と福祉を総合的に把握するために雇用・福祉レジームという言葉を用いる。

雇用に着目することは、日本の福祉国家を理解するためにはとりわけ有用である。他の先進民主国に比べて、日本は社会関係費の支出が低かったために、福祉後進国として位置づけられる傾向にあった(最近では高齢化のため事情は異なる)。しかしながら、雇用が保障され、再分配前の当初所得がある程度平準化していれば、事後的な再分配や補償政策が発達していなくても、結果的には貧困が軽減され、人びとがリスクに直面する可能性は低くなる。雇用保障と所得保障のあいだに一種の機能代替が起こり得るのである。

具体的に日本の雇用・福祉レジームを定式化すると、「雇用を通じた福祉」(welfare through work)となる[三浦二〇〇三; Miura 2012]。高い雇用率を政策的に維持する一方で、福祉政策(失業補償や生活保護)の拡充を避けてきたからである。北欧が「雇用を伴う福祉」(welfare with work)であり、大陸ヨーロッパが「雇用なき福祉」(welfare without work)と呼ばれてきたことと対比される。さらには英米の「福祉なき雇用」(workfare)あるいは「福祉から雇用へ」(welfare to work)とも異なり、雇用保障をさまざまな手段を通じて政府が追求してきた点も、比較の観点からは重要である。

日本の福祉国家のありようを描写するためにレジームという大きな(つまりは粗い)枠組みをあえて用いるには理由がある。そもそも福祉国家のレジーム論はG・エスピン＝アンデルセンの三類型に端を発し、その後さまざまな角度からの批判を受けつつも、三類型は現在に至るまで利用される標準的な参照基準となっている[エスピン＝アンデルセン二〇〇一]。大まかには北欧、大陸ヨーロッパ、英米オセアニアに区分され、名称としては社会民主主義レジーム、保守主義レジーム、自由主義レジームを用いることが一般的である。日本を位置づける際には、保守主義と自由主義のハイブリット型と捉えるか、あるいは新たな補助線を引いて位置づけ直す必要が出てくる。「雇用を通じた福祉」という捉え方は、後者の、新たな補助線を引くものである。

レジーム論の観点から福祉国家を捉えることには大きな意義がある。

第一に、各国がどのレジームを発達させたかに関しては、福祉国家形成期における政治勢力の影響を受けている。つまり、社会民主主義政党、自由主義政党、保守主義政党のどれがより影響力を持っていたかが、福祉国家の初期の設計に影響を与えたのである。だからこそ、レジームの名称には党派性が用いられている。

第二に、福祉国家が発展するなか、政権交代が起き、異なる政党が権力を得たとしても、一度でき上がった福祉国家を抜本的に変革することは難しい。だからこそ、国家単位の類型が意味を持つのである。

第三に、しかしながら、新自由主義の影響力の高まりを受けて、世界的に福祉国家の変容や再編が起きており、制度遺産の制約のなかで刷新されている。このことは、党派性の刷新を伴うものでもある。

レジーム論は政権党の理念やビジョンに着目する必要性を浮かび上がらせる。日本では官僚の影響力が強いことから、福祉国家のあり方を理解する際に官僚機構に焦点を当てることが多いが、レジームといった大きな枠組みで捉える場合には、むしろ政権党の国家・社会ビジョンの重要性が高まる。長期にわたって自民党が政権党であった以上、日本の場合は自民党の国家ビジョンがどのようなものであり、そこで福祉国家はどう位置づけられていたのかを理解する必要がある。

「雇用を通じた福祉」

自民党の福祉ビジョンを理解する前に、まずは日本の「雇用を通じた福祉」がどのようなものであったかを簡単に確認しよう。

日本の国際的な特色は、少ない社会保障費支出、そのなかでの年金・医療の高い割合、低い生活保護受給率、手薄い家族支援であり、他方で高い就業率である。つまりは、「雇用を通じた福祉」と呼べるものであり、雇用保障を通じて、社会保障費支出が抑制されていること、男性への雇用保障を達成するために性別役割分担が強固に維持され、それが家族支援の低さとつながっていること、市場化は徹底していないが貧困層支援も弱いことが、中核的な特徴となっている。

これが日本の特色であることをより深く理解するためには、他のレジームと比較することが有効であろう。日本の福祉国家は、大陸ヨーロッパに多く見られる保守主義型福祉レジームと自由主義型福祉レジームの両方の特徴を併せ持つものである。職業によって異なる年金・健康保険制度に加入する点では保守主義型であるが、福祉国家の小ささ(社会保障費支出の少なさ、税額控除の多さ)、家族支援の薄さ、失業率の低さ(就業率の高さ)の点において日本は相当程度に異なる。むしろ日本の福祉国家の小ささは自由主義型福祉レジームと近い。しかしながら社会保障費の大半を年金・医療が占める日本では、自由主義型のように貧困層への支援に社会政策を特化させてきたわけではない。また、福祉の市場化(民間保険化)もあまり進められてこなかった。

このように比較をすると、保守主義型福祉レジームと自由主義型福祉レジームの混合体(ハイブリッド)と解釈することも可能に見えるが、そのような理解では、後述する日本の雇用・福祉レジームの根幹を成す独特な保守思想は見えなくなってしまうだろう。

雇用保障と所得保障は理論的には「機能代替」を持つ。ここで代替されている機能は困窮防止である。所得保障はより直接的な困窮防止策であるが、雇用保障の場合は賃金の分配状況によって困窮防止の程度は異なってくる。賃金がある程度平準化され、低賃金層が形成されていない限りにおいて、雇用保障は困窮防止機能を果たし、所得保障の機能代替になり得る。

表1は、相対貧困率[1](税・社会保障を通じた再分配の前と後)、貧困削減率、最低賃金(標準労働者の賃

---

(1) 等価可処分所得の中央値の半分に満たない人の割合。

表1　就業率，最低賃金，相対貧困率

	男性就業率（2000年前後）	最低賃金（2000年）	相対貧困率（1980年代）＊（再分配前）	貧困削減率（1980年代）	相対貧困率（2000年頃）＊（再分配前）	貧困削減率（2000年頃）
日本	87. 8	0. 28	12. 0（12. 5）	4	15. 3（23. 9）	36
アメリカ	83. 4	0. 29	17. 9（25. 6）	30	16. 9（25. 5）	34
イギリス	80. 5	0. 34	6. 7（28. 2）	76	11. 0（31. 0）	65
フランス	69. 1	0. 50			7. 2（33. 9）	79
ドイツ	73. 8		5. 6（27. 7）	80	7. 6（30. 2）	75
スウェーデン	78. 1		3. 3（26. 1）	87	5. 3（27. 0）	80

出典：OECD（http://stats.oecd.org 2015年9月17日最終アクセス）．

金（中央値）と比較した割合）、男性就業率をいくつかの国と比較したものである。

一九八〇年代を見ると、日本は税・社会保障を通じて再分配が行われる前は貧困率が極めて低いことが分かる。しかし再分配の後でも貧困率はあまり改善しないので、貧困削減率はたったの四％である。つまり、高い就業率と賃金の平準化を通じて貧困率を低くすることには成功しているものの、再分配機能が弱いために、諸外国と比べて可処分所得における貧困率が高いという結果がもたらされている（二〇〇〇年頃の特徴は後述する）。「雇用を通じた福祉」がどの程度の防貧機能を果たしてきたかというと、実はさほど成果はなかったといえるだろう。再分配機能がほとんど働いていない日本において雇用保障のみで防貧機能を果たすためには、最低賃金がもっと高く設定される必要があるが、失業率を抑えたまま最低賃金を高くするには、中小企業を中心とする日本の産業構造そのものの変革が必要になったであろう。

「雇用を通じた福祉」がもたらした機能代替としては、事実上の防貧効果以上に、心理的な効果のほうが大きかったといえる。少なくとも雇用だけは保障されているのだから、失業手当や生活保護などの所得保障(社会手当)は少なくて構わない、さらにいえば、権利として社会手当があるのではなく、あくまで自助を原則としつつ例外的・一時的な補償として社会手当を位置づける政策理論なのである。

保守の福祉ビジョン——国家主義・協調主義・生産主義

日本がエスピン＝アンデルセンの三類型に収まりにくいのは、制度が三類型のどれかにすっきりと当てはまらないこと以上に、自由主義、保守主義、社会民主主義という先進民主国において標準的なイデオロギー軸を用いて日本の政党を分類するのが難しいということがある。「雇用を通じた福祉」という新しい類型を提示する以上、長期にわたって政権に就いている自民党の福祉ビジョンを分析する必要がある。

自民党は保守主義を標榜する政党であるから、ヨーロッパの保守主義理念と共通する部分があるはずである。しかしながら、前述のように推進した政策は相当異なる。福祉国家の大きさの点でも違いは歴然としているものの、高齢化の進展が日本のほうが遅かったことでその大部分は説明されるであろう。むしろ重要なのは、雇用と家族である。この二つの政策領域において、日本はヨーロッパの保守主義とは対照的な道を歩んできた。

自民党の福祉ビジョンの骨格を成すのは国家家族主義、協調主義、生産主義である[Miura 2012]。国家主義は他の先進民主国では見ることのできない、日本の保守の独自かつ根底にある価値観である[中野二〇一三]。福祉を社会権としては捉えず、自助を基本として、それでは立ち行かない場合にのみ、なかば恩恵として福祉政策を行うという発想である。自助・共助・公助という区分が近年多用されるが、この場合の公助が国家による福祉に相当し、臨時の恩恵的な措置として位置づけられる。ヨーロッパでも「補完性の原理」の下、まずは身近な家族・地域社会で支え合い、最後に国家が支えるという発想はあるが、ここでは国家が最終的に社会権を担保する存在として位置する。他方、国家主義の場合は、国家の存続が第一の目標としてあるため、国民が国家の負担になることは避けられなければならない。

国家と家族の関係に光を当てると、国家主義のありようはより鮮明になる。国家は家族を支援するものではなく、家族が国家を支えるのであり、できるだけ国家に負担をかけないよう自助努力と家族福祉を強いられる。日本も大陸ヨーロッパも「家族主義」的であると括られることが多いが、単に福祉の担い手として家族の役割が大きいことだけに注目すると、大切な政治的文脈を見失う。重要なのは、家族は国家に犠牲を強いられることはあっても、国家に対して家族を支援するよう権利を求める可能性は閉ざされている点である。こうした日本の家族主義は国家家族主義として理解しなければ、日本の家族支援の手薄さは理解できない。

国家家族主義は日本の保守独自のイデオロギーであるが、協調主義と生産主義は他国にも共通して存在する普遍的なものである。協調主義とは、産業化の進展に伴い先鋭化した労使対立・階級対立を緩和する労使協調路線である。労働大臣を何度も務め、自民党きっての労働政策通であった石田博英が尽力して取りまとめた自民党の「労働憲章」(一九六六年)にその姿を見ることができる。労働運動においても、一九六〇年代に入り、経営側が男性正規労働者の雇用保障にコミットすることで協調的な労使関係が広がっていく。労働運動への弾圧ではなく、懐柔と抱き込みを行うのが協調主義の基調であり、政策としては雇用保障を実施する企業への支援という形をとった。

生産主義は、福祉と経済成長が相反するものと捉えるのではなく、むしろ経済成長に資するものと捉える考え方である。福祉と経済成長が相反すると捉える場合は、福祉政策は経済成長の範囲内で、経済成長の足かせにならないように設計されることになる。他方、経済成長に寄与する福祉政策とは、安定的な労使関係、人的資本への投資(教育・職業訓練)が主たるものであるが、生命保険を通じた産業金融も日本の生産主義の一側面といえるだろう。

経済成長を国家目標に据える開発指向型国家では、福祉国家の発展は抑制されると理解されることも多い。こうした見方は日本よりも後発に経済発展を遂げた東アジアにおいてむしろ強調される傾向が強く、日本を含めて東アジアの雇用・福祉レジームを「開発指向型福祉国家」または「生産的福祉国家」と総称することもある[Holiday 2000]。確かに経済成長を第一義的に追求したという点では、日本においても他の東アジア諸国同様、福祉国家形成のプライオリティは低かった。しかしながら、保守政権が福祉国家建設を曲がりなりにも進めてきたのは、労働運動や左派政党(社会党、共産党)との対抗のなかで、協調主義を選び取らざるを得なかったことがある。権威主義体制あるいは開発独裁が長く続いた他の東アジア諸国とは異なり、民主的政党間競争の下で左派政党の攻勢に立ち向かうには、保守政党には協調主義と生産主義に根差した福祉国家建設が政治プログラムとして必要だったのである。この点に東アジア諸国と比べて早くに民主化した日本の特異性があり、日本を東アジア型と括ることを難しくしている。

2　政党間競争と福祉国家の変容

「雇用を通じた福祉」は一九八〇年代と九〇年代の二段階の変容を経て、その機能を大きく減退させることになった。保守政党が福祉国家建設に乗り出した契機は左派勢力の攻勢であったが、左派勢力の減退は福祉国家の政治的必要性を減少させることになった。この間、わずかな期間を除き政権の座にあった自民党は政策位置をシフトさせていく。第2章で述べたように、政党間競争の変化が自民党の理念的変容を促し、自民党は生産主義と協調主義を段階的に捨て去るのである。

生産主義の終焉

一九八〇年代は中曽根康弘内閣（一九八二―八七年）の下で三公社の民営化が断行されたため、新自由主義へと日本が転換した起点だと捉えられることが多い。しかしながらこの時期には、日本的労使関係は日本の成功の礎として賞賛されており、一九九〇年代後半以降のような労働規制の大胆な緩和は検討課題に入っていなかった。協調主義が時代遅れと見なされるようになるのは一九九〇年代に入ってからである。

実は、女性の就労はこの時期に大きな変化を迎えた。男女雇用機会均等法と労働者派遣法がともに一九八五年に成立し、女性の就労は正規雇用と非正規雇用の二つのトラックに分岐したうえで促進されるようになったのである。また税制・年金制度も女性のパート労働に適合的なかたちに整備された。つまり男性の正規雇用を保障した協調主義は温存され、その枠内で女性就労の受け皿が用意されたわけである。

他方、生産主義はこの時期に新自由主義に取って代わられるようになる。第二臨調における議論を通じて、社会保障は経済成長の足かせとなるという理解が政府内の基調となったからである。第二臨調は「増税なき財政再建」を達成するために設置され、国鉄の分割民営化や電電公社の民営化を主導する役割を担ったことでよく知られているが、社会保障改革にも大きな影響を及ぼした。「行政改革に関する第一次答申」(一九八一年)は、「活力ある福祉社会の実現」のためには「適切な経済成長を確保することが大前提」であると掲げ、「真に救済を必要とする者への福祉の水準は堅持しつつも、国民の自助・自立の活動、自己責任の気風を最大限に尊重し、関係行政の縮減・効率化を図る」ことを謳ったのである。

税・社会保障負担が増えると経済成長が阻害されるという理解は、現在に至るまで日本で広く流布する説であるが、こうした理解が広まった起点は第二臨調と見てよいだろう。このとき大蔵(財務)官僚によって創出されたのが「国民負担率」という概念である。税・社会保障負担を国民所得で割った率のことであるが、税や社会保障費がまるで負担であるかのようなイメージをもたらす言葉が使われたことで、社会保障は経済成長を支えるものではなく、成長を前提として余裕のある限りにおいて与えられる、ある種贅沢なものであるとの新自由主義的な理解を普及させることに一役買ったといえるだろう。

この答申を受け、一九八二年以降、自民党政権は老人医療費無料化制度の廃止や国庫負担金(都道府県の肩代わり)の削減などを実施していく。なぜこのタイミングで生産主義の要素が消えたのであろうか。これには政党政治の変化が大きく影響を与えている。実は、生産主義への攻撃は理念レベルでは一九七〇年から準備がなされていた。大平正芳内閣(一九七八―八〇年)時代に自民党は「日本型福祉社会論」を提唱し、福祉国家ではなく福祉社会を建設すべきであること、そこでは性別役割分担に基づく家族福祉が重要な役割を担うことを強調した。また当時、保守的言論人たちは「イギリス病」という言葉を使用し、福祉国家の拡大はイギリスのように国家の衰退をもたらすという説が社会的に広がることに貢献するのである。

なぜ一九七〇年代にまず理念レベルでの攻勢が先行して打ち出されたのか。一九七三年はいわゆる「福祉元年」と呼ばれたように、革新自治体の躍進を受けて自民党が年金・医療予算を拡大させている。保守からすれば不本意なこの福祉拡大に対抗する理論武装として、新自由主義的発想と国家家族主義が強調されるようになったのである。

一九七〇年代の革新自治体の誕生は自民党の政権運営に対する脅威となったが、七八年頃より革新的な首長が退陣し始める。また、いわゆる保守回帰が始まり、徐々にではあるが自民党に復調の兆しが見えてくるのである。一九八〇年の総選挙では過半数を確保し、八三年の総選挙では過半数を割るものの、八六年の衆参ダブル選挙で再び衆議院で過半数を確保した。一九八〇年代に入り生産主義が捨て去られた背景には、七〇年代の理念的準備段階を経て、八〇年代に入り選挙においても自民党の復調がはっきりしたことにより、実際の政策として実行できる政治的条件が整ったことがある。

生産主義には終止符が打たれたものの、この時期には協調主義は温存された。自民党の支持基盤として農村・中小企業から都市サラリーマン層へのシフトが起きつつあったからである。当時、中曽根首相が「左へウィングを広げる」といみじくも発言したように、一九八〇年代の税・社会保障改革は都市サラリーマン（マンだから男性である）に恩恵のあるものが少なくなかった。消費税導入と抱き合わせて提示された数次のサラリーマン減税（控除）は中高所得者層を潤すものであった。つまり、中曽根いうところの「左へウィングを広げる」とは、新たな支持層として本来なら社会党の支持基盤である勤労者に手を伸ばしたという意味である。しかしながら、勤労者のなかでもあくまで中高所得者層に恩恵の厚い政策を打ち出したという意味では、右の政策を打ったのである。こうした自民党の選挙戦略の下では、協調主義はサラリーマンの支持を得るためにも捨て去るべき理念だとは捉えられていなかったのである。

協調主義の終焉

協調主義に終止符が打たれるのは一九九〇年代半ばに入ってからである。象徴的な文書は一九九五年に日経連（日本経営者団体連盟）が刊行した『新時代の「日本的経営」』であった。雇用ポートフォリオ戦略の下、長期雇用と有期雇用（プロフェッショナルなスキルをもって企業を渡り歩くタイプと、低スキルの非正規雇用）の割合を七対三程度に変更することが提言された。その後の一連の労働市場規制改革はこの路線を実現していくものであった。もっとも、それから約二〇年経った現時点において正規雇用と非正規雇用は六対四となっている。経営が当時企図した以上に非正規雇用が拡大した二〇年間だったのである。

では、なぜ破壊的なまでの雇用環境の劣化が一九九〇年代半ば以降に進んだのであろうか。これは理念のレベルでは、協調主義の政治的有用性がなくなったということを意味している。一九八九年には連合が誕生し、労使協調路線が主流派労働運動の基調として完全に確立する。労使協調路線の勝利は、皮肉なことに協調主義の終焉をもたらすものでもあった。労働運動が弱体化し、ストライキを打たず、経営の合理化戦略に協力するなか、経営にとっては、あえて労働側に妥協する必要性が激減したのである。

また五五年体制の終焉以降の政界再編のなかで、社会党は急速にその存在感を低下させていく。連合は非自民政権の樹立に向けて政治活動を活発化させたが、非自民の意味するところは必ずしも社民路線ではなかった。一九九〇年代の政党対立軸が〈自民〉対〈非自民〉で引かれるなか、連合は政権交代を起こすために社民路線に拘泥することなく、広く非自民勢力の結集を模索したのである。最終的には民主党が結成されることにより、連合の支持政党は民主党に一本化される。確かに、連合も民主党も協調主義を重視しており、それを捨て去った自民党とは明らかに異なる理念を掲げている。しかしながら、保守が協調主義に歩み寄らざるを得ないような左派の攻勢はもはや跡形もなく、自民党は安心して新自由主義的改革に着手できる政治的状況を手に入れたのである。

第3章において労働政治における政策過程の変容を見てきたが、労働者を排した政策過程の出現は、まさしく協調主義が自民党にとって考慮すべき理念ではなくなったことを物語る。経営者団体が積極的に労働規制緩和を求めたというよりも、新自由主義的な改革論者や労働規制緩和に商機を見出す人材ビジネスの利益が先行する形で、労働者を排した新しい政策過程が作られ、そこを舞台に新自由主義的な政策変更が実現していった。このように考えると、グローバル化の影響で雇用破壊が進んだというよりも、ポスト五五年体制下の新しい政党間競争が協調主義を時代遅れなものにしたという側面が大きいのである。

「雇用を通じた福祉」を維持してきた日本において協調主義が終焉することは、大きな変化を伴った。グローバル化や脱産業化の進展により、日本経済は従前のように雇用を提供できなくなってくる。しかしながら大量の失業者に対応できるような失業保険や生活保護政策が整備されてこなかったことから、失業を抑えこむことが重要な政策目標となり、そのためには低賃金・不安定雇用の拡大もやむを得ないとされたのである。つまり「雇用を通じた福祉」が少なくとも「男性正規雇用の保障」を意味していたものが、男性正規雇用が減少するなか、「劣悪雇用の保障」へと転化するのである。

さらには、モラル・エコノミー（道徳経済）の変容も進行する。日本が経験した労働市場改革は確かに規制を緩和することで雇用の流動化・不安定化を促進するものであったが、国際的に見れば規制緩和の程度はそれほど高くない。日本では法的保障の緩和以上に、脱法行為の蔓延により労働基準法以下の劣悪な労働環境が出現しているといえる。「ブラック企業」が社会問題化するまでに広がっている現実は、モラル・エコノミーを支える経営側の遵法意識が弛んでいるという背景があり、そして現場で労働条件の切り下げに抵抗するべき労働組合の機能低下がそれに拍車をかけている。

以上のように、生産主義も協調主義も左派勢力の衰退に応じて政治的有用性を減退させ、その結果、自民党の変容をもたらした。一九八〇年代は保守回帰の時代であり福祉見直しが進んだとはいえ、協調主義は維持されており、男性の雇用にまで改革の波は押し寄せていなかった。ところがポスト五五年体制に入り、新しい小選挙区比例代表並立制の下で左派政党の退潮が顕著になると、協調主義は時代遅れのものと位置づけられるようになったのである。

確かに五五年体制では憲法・安保をめぐる対立軸に圧倒され、経済的対立軸は後景に退いていた。しかしながら、この時期の左派政党の攻勢が保守政権による福祉国家建設を促したのである。他方、ポスト五五年体制では、新自由主義をめぐって政党が立ち位置を変化させ、このことがそれまでの福祉国家のあり方に変容をもたらした。つまり、選挙で明示的な争点とならずとも、政党間競争の結果が福祉国家のあり方に大きな影響を及ぼしているのである。

有権者は個々の選挙では福祉国家のあり方を念頭に投票したわけではなかったであろう。しかしながら、投票の結果が政党間競争を規定し、政党間競争の変容が政権党の理念的刷新を通じて福祉国家の変容をもたらしている。私たちの働き方や生活を悪化させるような政策が打ち出された背景には、選挙の結果が色濃く反映しているのである。

3　新たな対立軸の模索

生産主義と協調主義に代わり自民党の政策基調を規定したのは新自由主義であった。このことが「雇用を通じた福祉」を機能不全に陥らせ格差を拡大させた。ところが、貧困問題の顕在化は新たな形で政党の対立軸を再規定し始めるのである。

「雇用を通じた福祉」の機能不全

「雇用を通じた福祉」の肝は雇用維持・創出機能である。そうした政策は一九九〇年代以降縮減されたにもかかわらず、失業率は最高値で五・四％（二〇〇九年）と、世界的に見れば極めて低い値で維持された。その代償は格差拡大と貧困問題として顕在化することになる。

次ページ**図1**にあるように、非正規雇用は一貫して拡大し、二〇〇二年には女性の正規雇用と非正規雇用の比率は逆転した。日本では非正規雇用の増加は格差の拡大に直結する。なぜなら、正規労働者と非正規労働者のあいだの均等待遇が法的に保障されていないからである。非正規労働者は正規男性労働者の約四割程度の賃金しか受け取っていないが、これは所定内賃金での比較であるため、所定外賃金と社会保険料負担（免除）を組み込めば、その格差はもっと大きい。非正規労働者の賃金の多くが地域の最低賃金を基準にして定められており、その最低賃金は生活を保障する水準では決定されず、生活保護費との逆転も許している。非正規雇用の拡大は失業を抑制したのかもしれ

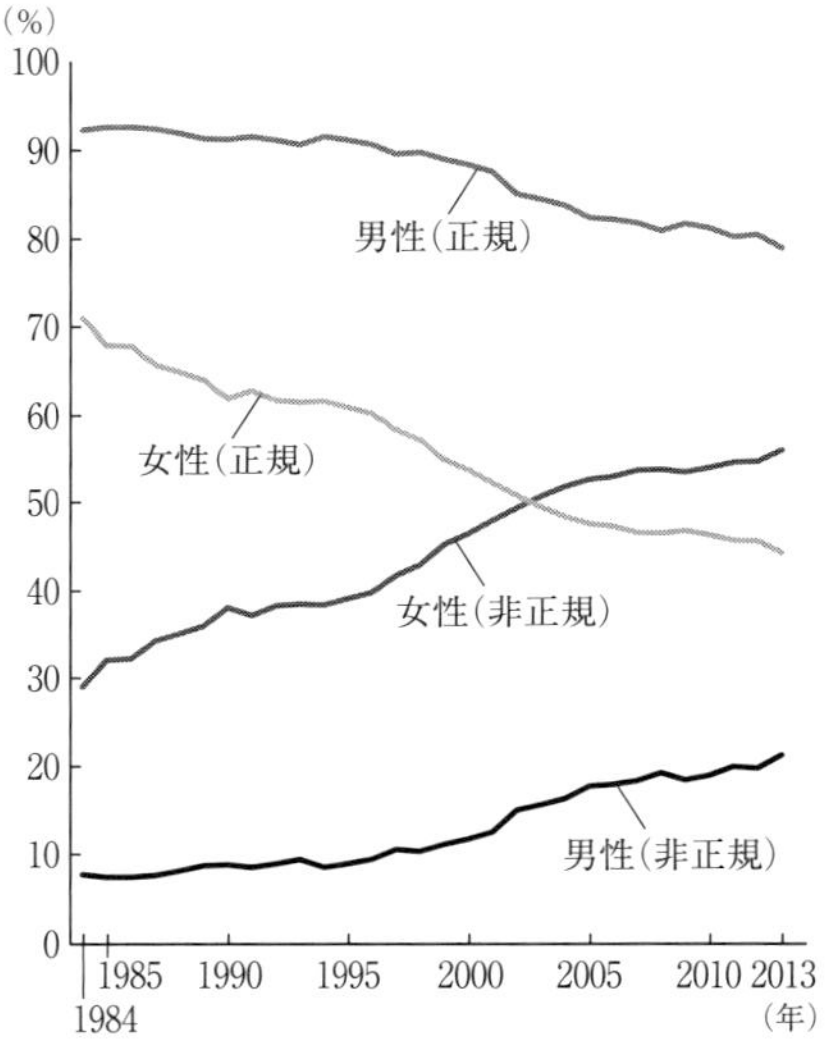

図1　正規・非正規雇用比率(男・女)
出典：総務省「労働力調査」.

ないが、働く貧困層を不可避的に、政策的に、作り出したのである。

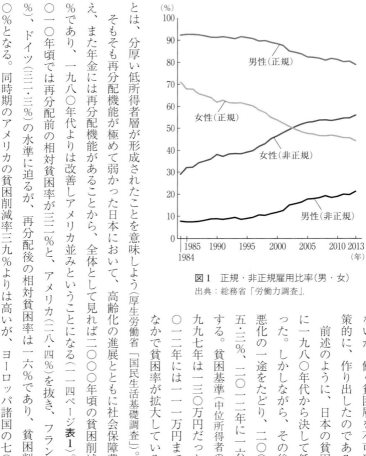

　前述のように、日本の貧困率はすでに一九八〇年代から決して低くはなかった。しかしながら、その後一貫して悪化の一途をたどり、二〇〇〇年に一五・三%、二〇一二年に一六・一%に達する。貧困基準(中位所得者の所得)が一九九七年は一三〇万円だったのが、二〇一二年には一一一万円まで低下するなかで貧困率が拡大しているということは、分厚い低所得者層が形成されたことを意味しよう(厚生労働省「国民生活基礎調査」)。
　そもそも再分配機能が極めて弱かった日本において、高齢化の進展とともに社会保障費支出は増え、また年金には再分配機能があることから、全体として見れば二〇〇〇年頃の貧困削減率は三六%であり、一九八〇年代よりは改善しアメリカ並みということになる(一一四ページ**表1**)。さらに二〇一〇年頃では再分配前の相対貧困率が三二%と、アメリカ(二八・四%)を抜き、フランス(三四・七%)、ドイツ(三二・三%)の水準に迫るが、再分配後の相対貧困率は一六%であり、貧困削減率は五〇%となる。同時期のアメリカの貧困削減率三九%よりは高いが、ヨーロッパ諸国の七〇%前後と

は開きがある。(2)

注意しなければならないのは、属性ごとに貧困率がどの程度削減できているかということである。OECDからも再三指摘を受けているように、再分配後に貧困率が上昇する逆転現象が生じているのは日本だけである［OECD 2006］。逆転現象は二〇〇五年時点で労働年齢にある成人が全員就業するすべての世帯形態（共稼ぎ、ひとり親、単身）において生じている［大沢二〇一三：三七八］。つまり再分配は男性稼ぎ主世帯でしか機能しておらず、それ以外の世帯に対しては逆進的な構造になっているのだ。大沢真理によれば「逆機能」と呼ぶべき現象である［大沢二〇一三］。ただし、二〇〇九年および一二年の調査結果によると、子どもの貧困率削減はかろうじてプラスに転じた［阿部二〇一四］。

なぜこうした逆転現象が生じるかといえば、逆進的な控除が多いこと、再分配機能を担う現金給付が少ないこと、低所得者が社会保険制度から排除されていることがある。さらには低所得者層に不利益になる制度改正（生活保護基準の引き下げ、児童扶養手当の切り下げなど）も重ねられている。福祉国家による再分配が「逆機能」を起こし、再分配以前の当初所得に関しても非正規雇用の拡大で格差が拡大し、分厚い貧困層が形成されたということからすると、日本にはもはや福祉国家の片鱗さえないといえるかもしれない。

（2）データはOECD（http://stats.oecd.org）参照。日本は二〇〇九年の値であるが、他の国は一〇年である。

民主党の政策刷新とカルテル政党化

貧困問題の深刻化と可視化は、しかしながら、新たな政治的対応を惹起させるものでもあった。民主党が格差問題に着眼し、ここに新たな政党対立軸の可能性を見出し、自己再定義を図ったからである。

民主党が路線転換を明確化させるのは、小沢一郎が代表に就任した二〇〇七年からである。格差問題への社会的関心の高まりを背景に、小泉改革の帰結として格差が拡大していることを指摘し、選挙戦略として「コンクリートから人へ」や「国民の生活が第一」というスローガンを掲げた。それまでの民主党の行革路線から比べると、大きく立ち位置を変えたといえる。例えば亀井静香は、民主党が「コペルニクス的転回」を遂げたと評する〔NHK「永田町 権力の興亡」取材班二〇一〇：二二七〕。それまでの民主党はどちらかといえば構造改革を重視していたが、小泉政権が構造改革を実際に推し進めるなか、自民党との差異化に苦慮した民主党が二〇〇七年参院選マニフェストを用意する過程で政策転換をしたという見方を示している。

民主党の転換が明瞭に見てとれるのが、政権交代の後に策定された新成長戦略（二〇〇九年一二月閣議決定）である。冒頭で、「1．新需要創造・リーダーシップ宣言」を掲げ、そこで「三つの呪縛」という題名の下に、「私たちは、公共事業・財政頼みの「第一の道」、行き過ぎた市場原理主義の「第二の道」でもない「第三の道」を進む」と宣言し、成長戦略を下支えする役割を雇用・人材戦略に与えている。そして、雇用・人材戦略の副題は「「出番」と「居場所」ある国・日本」として、「国民すべてが意欲と能力に応じ労働市場やさまざまな社会活動に参加できる社会（「出番」と「居場所」）を実現し、成長力を高めていくことに基本を置く」と述べている。成長戦略に社会的包摂の視点を組み込むことを、はっきりと示しているのである。

こうした民主党の二〇〇九年時点での政策位置をレジーム論の言語で整理すると次のようになろう。日本の保守の特色であった国家主義・協調主義・生産主義のうち、国家主義は継承せず、自民党が捨て去った協調主義・生産主義を二一世紀の文脈で再構築しようとしていた。民主党には自民党出身者も少なくなく、また新自由主義的立ち位置から非自民党である民主党に流れ込んだ議員もいる。しかしながら、自民党のような国家主義を信奉する政治家は少なく、その意味ではリベラルな政党である。例えば、民主党は「新しい公共」概念を掲げ、公共は国家の専有物ではなく、社会が公共を創り上げるという発想を示していた。ここには、民主党が国家主義を継承するものではないことが端的に表れている。

協調主義の復権においても自民党との差異が見てとれる。協調主義は、新自由主義的な雇用破壊へのアンチ・テーゼとして位置づけられるものである。鳩山由紀夫はこのことを最も深く認識しており、雑誌に寄せた寄稿文でもわざわざ自民党の労働憲章に言及し、「友愛」の精神を「自立と共生の原理」として再定義することを提唱している［鳩山二〇〇九］。自民党が協調主義を捨て去ったことと実に対照的であるが、民主党が労使協調路線の重要性に言及している背景には、連合の組織票に依存しているということもあるだろう。連合自身が組織率の低下と協調主義の終焉に対して大きな危機感を抱いており、協調主義の復権を求めて試行錯誤を重ねているからである。

さらに注目すべきは、生産主義の再構築である。これは新成長戦略のなかで打ち出されたものであり、福祉国家を経済成長の阻害要因と位置づけるのではなく、福祉国家の強化を通じて安心社会を築き、消費回復につなげることで経済成長を目指すという路線である。ヨーロッパや東アジアでは新自由主義改革以降の福祉国家の再編を「社会投資戦略」として中道左派政権が推し進めたが、民主党の立ち位置もそれに通じるものである。新自由主義が福祉国家の財政的基盤と労働市場の安定性を切り崩した後に、中道左派が福祉国家の再編としてたどり着いた共通の立ち位置として捉えることができるであろう[濵田二〇一四：三浦二〇一四a：パリエ二〇一四]。

民主党はこのように新自由主義からの反転を掲げるに至り、その結果、第一次安倍政権から鳩山政権まで(二〇〇六—一〇年)の自民党と民主党の政党間競争は、〈新自由主義〉と〈リベラル〉の対立にかなり近似したものとなった。民主党のリベラル路線は、国家主義との対比でリベラルであると同時に、新自由主義との対比で困窮者対策に熱心であったことに見出される。中間層を巻き込んだうえで分配・再分配構造を転換する社民路線とまでは行かなかったが、新自由主義からの修正を図ったとはいえよう。このように経済的対立軸が一時的であれ明瞭化したのは、貧困問題の可視化が背景にあり、そして政党間競争のダイナミズムから自民党と民主党の棲み分けがこのような形で可能になったのである。

もっとも民主党政権は、理念を政策に落とし込み実現させることはできなかった。政党間競争のレベルでは「選挙の論理」から、民主党は差異化戦略としてリベラルな政策位置にたどり着いたわけであるが、しかしながら、その党派性と政党組織戦略との整合性がとれていなかったため、政権に就くと「統治の論理」を優先させ、「カルテル政党」へと再び流れていったのである。

分水嶺は菅直人政権時の消費税増税の決定である。マニフェストをすべて履行するだけの財源がないことが判明すると、民主党政権は急速に消費税増税へと舵を切った。この拙速な方向転換は有権者には理解されず、政権発足から一年を待たずして参院選で惨敗を喫する。「統治の論理」が「選挙の論理」を凌駕し、そのことが選挙での敗北を招くとともに、選挙での惨敗がさらに統治を困難にするという悪循環に陥るのである。ねじれ国会の出現によって、民主党政権は野党である自民党・公明党の意向を踏まえずには政策決定ができない事態に追い込まれ、いよいよカルテル政党化が進行していった[三浦二〇一三]。

4　文化対立の時代

二〇〇〇年代後半には経済的対立軸が明瞭化したものの、民主党が消費税増税を容認し、子ども手当も児童手当と改められたことで、民主党と自民党の差異は薄れていった。かわって「承認」をめぐる争いへと政党間競争のステージは移行した。

経済的対立軸が合意争点化した理由として、民主党のカルテル政党化だけではなく、自民党もまた経済的対立軸を先鋭化させる意図がない点も指摘する必要があるだろう。第一次安倍政権以降の自民党は、格差社会批判への対応から、それまでの新自由主義路線を修正し、安心社会の構築や社会保障の機能強化を掲げた。市場至上主義(構造改革)の修正自体は二〇〇九年の総選挙において麻生太郎首相も提唱しており、有権者がそのように認識したかどうかは別として、合意争点化が図られたのである。また、少子化対策の必要性は超党派で認識されており、女性の就労とワーク・ライフ・バランスを支援し、男性稼ぎ主モデルから共稼ぎモデルへと軌道修正すること、さらには高齢者偏重の社会保障制度を全世代型へと再編し持続可能性を高めることは、少なくとも総論の次元では与野党とも合意していた。

自民党と民主党の相違が際立つのは、貧困対策と家族政策の領域である。どちらも経済対立と文化対立が絡み合う争点領域であるが、とりわけ文化領域において政党対立が先鋭化している。政党対立軸が文化領域へとシフトしていることを、つまりは「分配」から「承認」へとシフトしていることを、女性と家族に焦点を当ててみてみよう。

家族政策と女性就労支援の展開

女性の就労をめぐる諸政策は一九九〇年代以降大きな進展を見せた。女性が就労し続けるためには、無償で行うケア労働(育児や介護、家事)の負担が軽減される必要があり、実際にその方向での制度整備がなされてきた。介護保険制度の制定(一九九七年)により部分的ではあれ「介護の社会化」が実現し、また育児・介護休業法の整備による雇用継続の支援制度、さらには保育所の拡充による育児の社会化も一定程度進展を見た。一九九五年には世界女性会議が北京で開催され、「女性の権利は人権である」ことを確認する北京宣言と、女性に対する暴力防止を含む包括的な戦略目標を明記した北京行動綱領が採択された。世界的にもジェンダー平等に向けて追い風が吹いていた時期であった。一九九九年には男女共同参画社会基本法が制定され、二〇〇〇年代に入ると議員立法によりＤＶ（ドメスティック・バイオレンス）防止法が成立するなど、女性に対する暴力防止の面でも、大きな前進がみられた。しかしながら、男女の賃金格差是正とケアの公正な分配は改善が進まなかった。

女性の就労支援策は日本政府が継続して取り組んできた政策課題である。労働人口減少が成長の足かせとなっている日本では、経済成長を支えるために女性の就業率向上は急務となっている。民主党政権の新成長戦略および第二次安倍政権の日本再興戦略では、二二―四四歳の女性の就業率を二〇一〇年の六六・五％から二〇二〇年までに七三％に引き上げることが盛り込まれた。

他方、男女賃金格差は解消にはほど遠い。正社員で比較しても女性の賃金水準は男性のそれの七〇％程度にすぎない。均等法施行以降、総合職・一般職と区分するコース別人事を導入する企業が相次ぐなど、事実上の男女別のキャリア・トラックが維持されてきているからである。例えば二〇一一年時点において総合職在職者に占める女性割合は五・六％にすぎない（厚生労働省「働く女性の実情」）。男性並みに働き続けている女性の極端なまでの少なさは、日本の職場慣行が家族的責任との調和を考慮していないことを意味する。さらには、働く女性の過半数は非正規雇用であり、正規・非正規雇用間の均等待遇が実現していない日本では、非正規雇用は貧困に直結しかねない点も深刻である。

母親の就労継続の鍵を握るのが保育所である。しかしながら、保育所は慢性的に不足している。子どもが保育所に入所できない待機児童問題は一九九〇年代から顕在化し、政府は段階的に保育所整備を図ってきた。しかしながら、潜在ニーズに追いつくほどの整備は進まず、また保育施設の量的拡大は質の低下（保育士の賃金低下、子ども一人当たりの床面積減少）を伴うものであった。育児休業制度の拡大や保育所定員の上昇にもかかわらず、第一子の出産を契機に仕事を辞める女性の割合が約六割のまま、この二〇年間でまったく変わらないという事実は、これらの施策が効果を挙げていないことを端的に物語る。

家族を支援する現金給付も近年は拡大傾向にあった。自公政権下で児童手当の拡充が進められ、さらには民主党政権下では子ども手当としてほぼ倍増の予算が組まれた。その後、二〇一〇年の参院選で民主党が敗北すると、児童手当と再び名称が改められ、所得制限も再度設定され支給額も減額された。子どもがいる世帯への現金給付は、設計次第では少子化対策として、貧困対策として、あるいは女性の就業抑制策としても位置づけられるものである。少子化対策に関しては超党派の合意が成立しているが、それ以外の論点に関しては民主党内でもまとまりがなく、また政党間論争としても掘り下げられることはなかった。むしろ、後で見るように観念的な政党間対立が深まったのである。

家族政策や女性就労支援政策を俯瞰すると、人口政策や成長政策の観点から取り組まれたものであり、ジェンダー平等視点は希薄であることが分かる［三浦二〇一五］。福祉国家の他の政策領域が全体的に縮減されているのとは対照的に、女性に関する政策は拡張傾向にある。しかしながら、少子化対策としても、また「女性の活躍」政策としても、奏功していない。ジェンダー平等視点が希薄なために、有効な政策となっていないのである。労働人口減少と少子化の進展に対応するために、女性に特化した施策となっており、問題の核心にある長時間労働や性別役割分担の解消には手がつけられていない。先進民主国における福祉国家の再編がフェミニズム運動からの要求を取り入れる形で進んできたこととは対照的に、日本の家族政策におけるジェンダー平等視点の欠落は顕著である。

女性票の不在

ジェンダー平等視点の欠落は、政党政治の観点から分析することで、より鮮明に理解することができる。男性稼ぎ主モデルはある時期までは先進民主国に共通する姿であった。日本が後塵を拝しているのは、ジェンダー平等を求める声が政党間競争にうまく乗らなかったことが大きい。

女性の社会進出を推進する政策は、主に経済政策としての側面と人口政策としての側面があり、必ずしもジェンダー平等に最も重きを置いているとは限らない。ジェンダー平等がある程度重視されて立法が進んだとすると、それには左派政党が女性票を明確に意識し、女性票を取り込むためにジェンダー平等に熱心に取り組むようになったという背景がある。

左派政党の伝統的支持基盤は男性組織労働者である。労働組合の組織率の低下や脱工業下の進展は、この基盤を直撃することとなった。党勢回復の必要性に見舞われた左派政党は女性票に目をつけ、女性候補者を積極的に増やしたり、ジェンダー平等政策を掲げたりすることで党の刷新を図ったのである。前述したヨーロッパにおける「社会的投資戦略」の展開も女性票の獲得と密接に関係している。次世代への支援を高めることで活力のある経済社会を形成する戦略と、支持基盤として女性や子育て世代に照準を合わせることが整合的な形で追求されたのである[パリエ二〇一四]。

投票行動における性差はジェンダー・ギャップと呼ばれるが、先進諸国では女性は左派政党を支持する傾向が強く、逆に男性は右派政党を支持する傾向が強いことが指摘されている。女性が常にリベラルであったかというとそうではなく、むしろ伝統的に女性は保守政党を支持する傾向にあった。逆転が観察され始めるのは、アメリカでは一九六〇年代からである。フェミニズムの影響を受け、左派政党がジェンダー平等へのコミットメントを深めていくと、保守的な男性が右派政党へと支持を鞍替えすることで、ジェンダー・ギャップが生まれるようになったのである[Whitaker 2008]。

日本の場合、投票行動のジェンダー・ギャップはほとんど観察されず、性別は政党支持に対して大きな影響を持っていない。しかしながら、政策態度を男女で比較すると、他国と似たようなパターンが観察できる。すなわち、女性はより他者に共感し、暴力の行使に否定的な態度をとる。

主要日刊紙で唯一、世論調査の結果を男女別で掲載している『毎日新聞』において、二〇〇〇年以降に二〇ポイント以上の男女差が見られる項目を拾ってみると、戦争や原発をめぐる項目が多い。アメリカが進める対テロ戦争への協力に対する反対、アメリカのイラク攻撃への反対、日本の集団的自衛権行使への反対、原発再稼働への反対、体罰への否定的態度、武器輸出三原則緩和への反対、原発輸出への反対である。このように個別の政策、とりわけ広い意味で暴力に関する案件に関して、男女で異なる態度が観察される。それにもかかわらず、政党支持では差がなくなるということは、これらの争点が政党支持態度の規定力を持っていないことを示唆しよう。

とりわけ興味深いのが民主党支持のジェンダー・ギャップである。民主党は自民党よりも遥かに

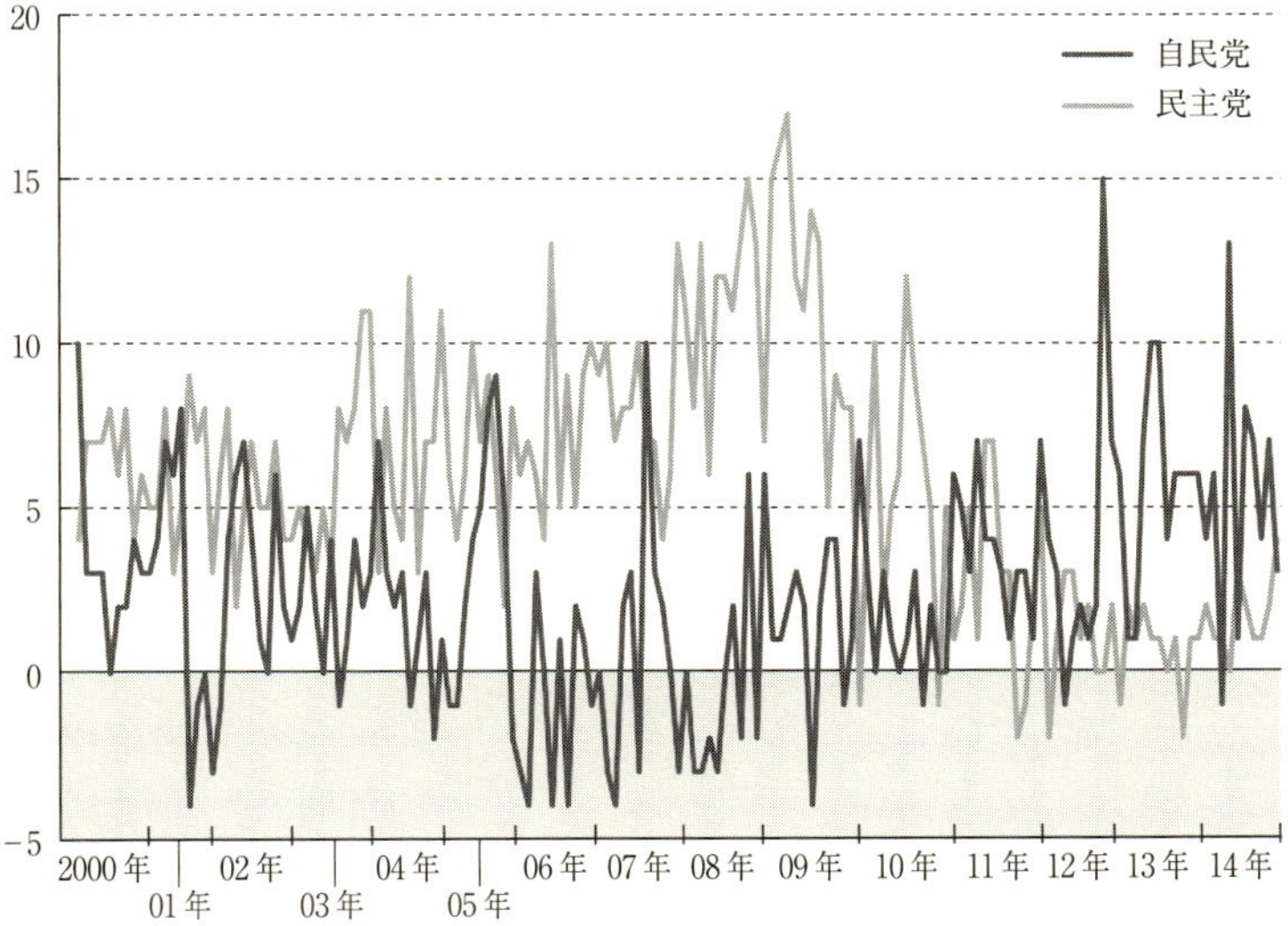

図２ 自民党と民主党の支持率における男女差（2000-14年）

注：男性支持率から女性支持率を引いたもの．プラスであれば男性の支持のほうが高い．世論調査は必ずしも毎月実施されているわけではなく，実施されている月ごとに値を表示した．
資料：『毎日新聞』．

多くジェンダー平等に取り組む議員がいるにもかかわらず、女性に人気がない。『毎日新聞』の毎月の政党支持率を追うと、民主党支持率は通常男性のほうが高く、男女差は多い時で一〇ポイント以上の開きがある（**図２**）。女性のほうが支持率が高かったのは、二〇〇〇年一月から一四年一二月のあいだで、たったの七回である。ほとんど誤差の範囲内といってよいだろう。他方、自民党支持率の男女差は民主党ほど大きくはなく、また、女性の支持率が男性のそれを上回る頻度も民主党より遥かに高い。

もっとも第二次安倍政権が誕生してからは男女差が逆転し、自民党は男性からの支持が高い政党へと変化した。「女性が輝く社会」の実現に熱心ではあるが、そのことは女性票の掘り起こしにはつながらず、好戦的な態度が男性からの支持を強めた格好である[三浦二〇一四b]。

日本の女性就労政策がもっぱら自民党政権によって進められてきたことを考えると、政策にジェンダー平等視点が希薄であったことは驚くにあたらない。しかしながら、民主党政権もまたジェンダー平等政策にそれほど熱心だったといえないのは、女性票を戦略的に取り込もうという視点が欠落していたからである。女性運動が女性票の可視化に成功してこなかったということもあるが、政党エリートもまた女性票を開拓することがなかったのである。

国家家族主義の台頭

女性政策の進展は、このようにジェンダー平等の視点を十分に反映させたものではなかった。しかしながら、それでもジェンダー・バッシングは起きている。自民党政府が過去にとったジェンダー平等推進政策(男女共同参画社会の構築)に対して、右派陣営による巻き返しが図られているからだ。日本の右派勢力にとって国家家族主義は核心に位置するイデオロギーである。それに抵触すると見なされる家族政策は大きな抵抗に遭遇する[三浦二〇一五]。

国家家族主義では、家族は国家に対して権利を求める主体として位置づけられていないが、逆に国家は家族を統制するものである。近代家族は異性愛規範、法律婚規範、嫡出性規範、永続性規範に支えられる存在である。そしてこれらの法規範を支える基本原理は家父長制と性別役割分担である〔二宮二〇一〇〕。こうした近代家族を支えてきた法制度は欧米先進国においては徐々に変革が進み、同性婚、婚姻登録をしない共同生活（パートナーシップ）の保障、婚外子差別の撤廃が実現してきている。しかしながら、日本では近代家族の法規範が国家家族主義の根幹を成すため、それらを変革することは容易ではない。婚外子の相続差別（法定相続分を法律婚の子の二分の一とする民法の規定）に対しては、二〇一三年に最高裁が違憲判決を出し、同年に民法が改正されたものの、戸籍法の改正は自民党からの抵抗が強く、見送られた。また選択的夫婦別姓はようやく二〇一五年になって最高裁の大法廷に回付された。

選択的夫婦別姓は右派陣営が最も激しく抵抗してきた案件である。一九九六年には法制審議会の答申が出され、民法改正に向けての政府内合意形成が図られたにもかかわらず、その後に保守派の巻き返しが激化し、現在に至るまで膠着している。反対の理由は「家族が壊れる」ということにあるが、実際の家族関係が壊れることを恐れているというよりも、家父長的秩序が壊れることを恐れているのであり、家父長的秩序を維持する一つの装置として法律婚、異性愛婚、夫婦同姓を国家が強制し続けることを求める政治運動と見るべきであろう。

家族支援政策に関しては、連立を組む公明党が熱心であったということもあるが、少子化対策の観点から、自民党も（旧）児童手当の拡充には賛成しており、また待機児童対策にも取り組んでいた。したがって、家族支援を拡充させること自体は、自民党も民主党も賛成している合意争点である。そのため、家族政策での政党間対立は実に観念的なものとなっている。例えば、民主党の掲げた子ども手当に対して自民党が批判を加えたのは、もっぱら「子どもの育ちを社会全体で支える」という民主党のもの言いに対してであった。子育てはあくまで親の責任だと考え、母の犠牲を当然視する保守政治家は、社会が子育ての責任を担うという視点は選択的夫婦別姓と同様に家族の絆(家父長制)を壊すものとみなした。

国家家族主義からすると、シングル・マザーは何重にも規範から逸脱する存在となる。非婚であれば婚姻規範、離婚であれば永続性規範からの逸脱であり、子どもは嫡出性規範を逸脱しているかもしれない。日本のシングル・マザーの貧困率は五〇%を超え世界的に見ても極めて深刻なレベルにあるが、就労するシングル・マザーの貧困率もまた五〇%を超えているというのは異常な事態である。「雇用を通じた福祉」の負の側面がシングル・マザーに集中的にのしかかっている。しかしながら、自民党政権は二〇〇〇年代以降児童扶養手当の減額を進めており、この問題に関心を示すどころか、むしろシングル・マザーをさらに窮地に追い込む政策をとっている。

シングル・マザーだけではなく、困窮者への取り組み全体に関しても、国家家族主義は責任を当事者家族だけに負わせる一方で、モラルの問題(規範からの逸脱)として厳しく追及している。自民党は生活保護の不正受給を誇張し、親族の扶養義務を強調する。実際、第二次安倍政権下で実現した生活保護法の改正により、親族の扶養義務は強化され、生活保護を受ける前に扶養義務者に通知が届き、収入・資産の報告を求めることとなった。また、併せて扶養義務者に対する捜査権限の強化も規定された。低所得者向けの手当はそもそもの額が低いため、縮減しても財政再建にはさほど寄与しない。それでも自民党が縮減を政治課題化するのは、経済的な理由ではなく、国家主義的観点から福祉受給というモラルを問題視するからである。婚姻規範や家族扶養規範から逸脱した人びとは、その逸脱を責められるべきであり、権利主体として国家からの保護や支援を求めるべきではないという思想なのである。

福祉国家とは、分配／再分配を国民国家単位で実施することにより、連帯社会を築く装置であった。「財政の壁」が分配／再分配の余地を狭めた結果、政党はカルテル政党へと変質しつつある。他方、承認は分配のような壁にぶつかるものではないため、この領域において政党の競争が先鋭化している。もっとも、福祉国家が機能不全に陥った後の「承認の政治」あるいは「アイデンティティ・ポリティクス」は、この言葉が当初持っていたマイノリティの権利保障という響きとは随分と趣を異にする。国家家族主義の台頭により、国家によって承認される人びととそうではない人びととの線引きが行われようとしており、国家が設定した性と家族にまつわるモラル（規範）の受容が承認を得られる条件となっている。こうして社会に分断が持ち込まれる。

このような不寛容な時代の到来をもたらす原因の一つが分配政治の枯渇だとすると、「財政の壁」を突破することが分配／再分配領域における政党間競争を再生させるために必要であることが分かる。

次章では、経済格差に焦点を当て、実質的な政党間競争を活性化させる条件を探っていこう。

第5章

再び参加を考える

――グローバル化と経済格差

代表制民主主義の機能不全は日本に限ったことではなく、グローバルな現象として多くの論者が指摘している。その要因としては、所得格差の拡大や企業の影響力の増大がしばしば挙げられてきた。経済的格差の極端なまでの広がりは、民主主義を侵食する。なぜなら、民主主義の基本的前提である市民間の政治的平等という条件が、経済的不平等によって掘り崩されてしまうからである。

新自由主義が経済的および政治的不平等の拡大をもたらすものであるなら、民主主義の立て直しのためにも、不平等の解消をめざす政治ビジョンが打ち立てられる必要があるだろう。また、日本の実質的な政党間競争を実現するためにも、意味のある政党対立軸が形成されることが不可欠であり、より具体的には新自由主義の対抗軸を打ち立てることが急務なのだ。

経済的格差を縮小させるような財政政策が実現可能かどうかが、代表制民主主義の再生にとっても実は重要な鍵を握っている。

1　寡頭制の出現

世論操作の技法と、政治を監視する仕組みがともにますます洗練されるのに対し、政党の綱領や政党間の対立はますます淡白で退屈なものとなる。この類の政治を、非民主主義あるいは反民主主義と呼ぶことはできない。市民との関係に対する政治家の不安に由来するところが大きいからである。その反面、民主主義という威厳のある名称をつけるのもむずかしい。多くの市民が受身で不熱心で、操作される参加者の役割に格下げされているからである。［クラウチ二〇〇七：三六］

イギリスの政治学者コリン・クラウチは、二〇〇四年に「ポスト・デモクラシー」という概念を用いて、選挙などの民主政治の基本要件は満たすものの、平等の達成と市民的諸権利の獲得をもたらした民主主義はいまや衰退していると挑発的に主張した。冒頭の引用は、ポスト・デモクラシーにおける政治のパラドックスを描写したものである。西欧諸国に限らず、日本においても同様の事態が進行しているといえるだろう。

先進民主国はもはや「民主主義国家」とはいえないのではないかという懸念は、近年ではアメリカ政治学でも広がっている。マーティン・ギレンズによると、各種世論調査の統計分析の結果、上位一〇％の富裕層の意向は政策に反映されているが、それ以外の所得階層の意向はほぼ何の影響力も持っていないという[Gilens 2012]。この衝撃的な研究結果をもとに、ギレンズはアメリカは民主主義というよりも、もはや金権主義(plutocracy)であると結論づけている。ジェイコブ・ハッカーとポール・ピアソンもまた、上位一％の富豪層に富と権力が集中する「勝者総取り」の政治が到来していると警鐘を鳴らす[Hacker and Pierson 2010]。

ロバート・ダールによると、民主主義の一つの重要な特性は、「市民の要求に対し、政府が政治的に公平に、つねに責任をもって答えること」である[ダール二〇一四：八]。ここでの要点は、すべての市民に対して、政府が公平に応えることにある。本書ではこれまで政府が私たちの声に応えていない要因として政党政治の機能不全、すなわち政党対立軸の不明瞭化による政党間競争の不活発化を論じてきたが、代表制民主主義の観点からもう一つ検討を加えなければならないのが、市民のあいだでの政治的平等の問題である。参加の平等性の問題と言い換えることもできるだろう。

今日の政治状況において検証する必要があるのは、企業利益を代表するエリート(企業エリート)の影響力であり、また富裕層(上位一〇％)あるいは富豪層(上位一％)の影響力である。経済的な資源は、献金やロビー活動、キャンペーン活動などを通じて、政治的影響力へと転化するからである。そして政治的不平等が進むと、今度は経済エリートが持ち得た権力を行使し、国家の活動を自分たちの利益に適うように改変することが可能になる。経済的な格差は政治的影響力の格差を通じて強化され、社会はより不平等な方向へと悪循環を続けることになる。

ポスト・デモクラシー論を展開するクラウチもまた、企業エリートが労働者をはじめその他のアクターに比して突出した政治力を有する状況が民主主義の危機をもたらしていると論じる。彼もダールと同様に、民主主義は、「政治上の結果への影響力が全市民のあいだでおおよそ平等でなければならない」［クラウチ二〇〇七：二九］とするからである。

政治的影響力がほぼ平等であることを民主主義と呼ぶのであれば、私たちはいまだ民主主義を手に入れていないといえるし、近年ではむしろますます遠のいているとさえいえるだろう。民主主義の崩壊は軍事クーデターによって一夜にして起きるとは限らない。緩やかな非民主化プロセスが経済格差の広がりとともに、静かに進行することもあるのだ。

このように考えると、近年の富の集中には政治学の観点からも光を当てる必要がある。格差の拡大が世界で最も著しいアメリカでは、どの程度の開きが生じているのだろうか。トマ・ピケティやトニー・アトキンソン、エマヌエル・サエズらは世界の富の蓄積に関するデータベースを構築し公開しているが、それによればアメリカでは上位一％の富豪層の所得の合計は一九七〇年代には全体の富の五％であったのが、二〇〇〇年代には二割を超すようになっている。上位〇・一％となると、一九七〇年代には二％程度であったのが、二〇〇〇年代には一割を超えている。(1) また、アメリカの上位三五〇社の最高経営執行責任者（CEO）と一般労働者の報酬格差は、一九六〇年代は約二〇倍であったのが、一九九〇年までに五〇倍へと広がり、その後はさらに急速に拡大し、二〇〇〇年直

（1） The World Top Incomes Database (http://topincomes.g-mond.parisschoolofeconomics.eu/#Home:).

前には四〇〇倍を超え、その後は縮小するものの現在まで二〇〇倍程度となっている。(2)

どの程度の収入格差が適正であると見なされるかは、社会によって時代によって異なるだろうが、二〇〇倍の収入格差を人間の能力差から説明することは不可能であろう。また、一九六〇年代と比べて、現在のほうが経営者の能力が一〇倍高まっていると考えることも同様に無理筋である。そうであれば、個人の能力差ではなく、格差拡大を許容するメカニズムを理解する必要があるといえる。

イギリスの社会学者ゴラン・サーボンは、格差の問題を多角的に考察し話題となった『格差の戦場』(未邦訳)において、高所得者層と低所得者層では異なるメカニズムが働いていることを指摘する[Therborn 2013]。上位に富が集積するのは金融資産の特性に由来するものであり、すなわち金融市場への投資が金融資産を膨張させていくため、そのような資産を持たない層との格差を拡大させていくという(ピケティはこのメカニズムを経済学的に証明することを試みた)。日本の土地バブルを思い起こせば、不動産資産もまた富の集積構造の一部を成していると見ることができるだろう。低所得者層に関しては、サーボンは賃金切り下げや労働権の侵害が引き起こされた点が重要であると指摘する。同様の主張はハッカーとピアソンも行っており、彼らは格差拡大の理由として、実質賃金の低下、金融資産の拡大、企業および富裕層の課税負担の低減を指摘している。

こうした金融資産の膨張や賃金水準の低下は資本主義経済の自然な成り行きとして生じたのではなく、それらを可能にする法改正がまずなされたことに注意を払う必要がある。税制改革や金融規制の緩和、労働規制の緩和などの制度改変がなされたことにより、格差拡大のメカニズムが市場に注入されたのである。アメリカでいえば、銀行・証券業を分離していたグラス・スティーガル法の撤廃やレーガン大統領によるストライキを打った航空管制官の一万人以上の解雇などがそれに当たる。

以下で、日本ではどのような経緯をたどったのかを確認しよう。

労働組合の衰退

格差拡大の主要因、とりわけ中間層への打撃は、労働組合の影響力が衰退したことに求められる。戦後の高度成長期には労使和解が制度化され、労働者は資本主義を受け入れる代わりに、労働者の権利・保護の拡大、少なくとも生産性に見合った賃金上昇、福祉政策などを享受してきた。しかしながら、一九七〇年代以降の脱工業化の流れとＩＴ技術の発達により、労働者は多様化し、それに伴い団結力も弱まる傾向が顕著となった。さらには、冷戦が終結した一九九〇年代以降は旧共産圏から膨大な労働者が世界市場に参入したことも、先進国の労働者の力を弱めることにつながった。二〇〇一年にＷＴＯ（世界貿易機関）に加盟した中国は、一国だけで当時のＯＥＣＤ加盟国の労働人口に匹敵する労働者を突如供給したのである[Therborn 2013: 130]。世界経済に構造的変化が起こらないわけがないといえよう。

こうした構造的変化は「グローバル化」と呼ばれるものであるが、それを背景に労使の力関係は

（2）Alyssa David and Lawrence Mishe, "CEO Pay Continues to Rise as Typical Workers Are Paid Less," June 12, 2014. Economic Policy Institute (http://www.epi.org/publication/ceo-pay-continues-to-rise/).

変化し、組織労働者(労働組合)の政治力が弱まり、使用者側が大きく優位に立つ状況が生まれている。

もっとも、組織労働者の影響力は国により、また分野により、大きく異なる。組織労働者の影響力がまだ維持されている国や分野では、中間層への打撃は和らぐ傾向にある。アメリカにおいて所得階層の上位一〇%以外の有権者の意向はほぼ政策に反映されていないことを実証したギレンズも、例外的に社会保障や医療、教育政策などの分野において低所得者層が影響を及ぼすことができた案件があると述べ、そこでは労働組合や教員組合、退職者組合の影響力が強いことを指摘している。第1章で代表性を規定する要因として組織化の重要性に言及したが、グローバルな格差拡大傾向への抵抗力は働く人びとの組織力に求められるのである。

日本に関していえば、これまで述べてきた通り、格差の大きい社会へと急速に変貌を遂げようとしている。上位一%や〇・一%に焦点を当てた研究では、日本の格差は上昇傾向にはあるが、アメリカやイギリスには及ばないことが指摘されている。他方、第4章で見てきたように、相対的貧困率で国際比較すると、日本はいまや貧困大国となっている。二〇一二年には一六・一%にのぼり、子どもの貧困率は一六・三%である。日本の二〇一〇年の数値(一六・〇%)をOECD三四カ国内で比較すると、平均一一・三%を大きく上回り、イスラエル、メキシコ、トルコ、チリ、アメリカに次いで第六位の高さとなっている[OECD 2014: 113]。

日本における貧困層の厚さは、中間層の利益を労働組合が守り切れていないことを意味しよう。実際、日本の賃金水準は一九九七年を頂点に切り下げられてきた。賃金水準の低下を長期にわたり経験しているのは先進国のなかで日本だけである。内閣府の資料でも、名目賃金の下落率が消費者物価の下落率より大きく、また労働生産性の伸び率よりも一人当たりの雇用者報酬の伸び率の方が低いことが指摘されている。[3] 失業率は低くとも、賃金で景気調整が図られていることを浮き彫りにする。

労働組合の影響力の低下は、組織率の低下という形で確認ができる。第3章でも述べたが、一九八二年までは三〇％を超す水準であったのが、二〇〇三年以降は二〇％を下回るようになり、二〇一三年には一七・七％まで落ち込んだ（厚生労働省「労働組合基礎調査」）。一九七五年の公労協（公共企業体等労働組合協議会）のスト権ストの敗北が転換点となって組織率の低下が始まり、さらには八六年の国鉄の分割民営化が追い打ちをかけた。一九九〇年代後半になると労働政策過程が変容し、労働市場規制の緩和が、当事者である労働組合を排除した場において主導される事態まで生じるようになっている。労働市場の規制緩和は低賃金の非正規雇用を増大させ、そのことが正規雇用の賃金水準を引き下げる圧力になるという意味で、格差拡大の主要因の一つなのである。

企業の影響力の拡大

企業エリートの影響力の拡大はどのように確認できるであろうか。

(3) 「景気の好循環実現に向けた政労使会議」第一回（二〇一三年九月二〇日）内閣府提出資料（http://www.kantei.go.jp/jp/singi/seirousi/dai1/siryou2.pdf）。

大企業の政治的影響力は政治学の古典的テーマであるため、一九八〇年代までの実証分析ではよく取り上げられていた。包括政党である自民党は、さまざまな支持団体に対して利益誘導を行っていたため、必ずしも大企業の影響力が突出していたわけではなかった［大嶽一九七九］。しかしながら、一九九〇年代以降は緊縮財政が継続し、自民党の分配政治に寄生していた農業団体、中小企業、建設業界、医療団体などが守勢に立たされる一方で、大企業の政治力は相対的に高まっているといえるだろう。経団連（経済団体連合会）が長年求めていた法人税の引き下げが一九九〇年代に二度にわたり実現したことは、大企業の影響力の拡大を裏づける［古賀二〇〇〇］。また、行政・構造改革を推進する多数決機関において財界人が多く登用されている点も注目に値する。例えば、小泉純一郎政権時代に構造改革の推進母体となった経済財政諮問会議には四名の民間議員枠が設けられたが、学者以外は日本経団連（日本経済団体連合会）や経済同友会の会長・関係者が占めた。民営化を進めた第二臨調には労働組合出身者が参加していたこととは対照的である。他方、農業、医療、建設、および中小企業に関する政策領域では自民党の支持団体が求める政策はなかなか実現を見なかったり、むしろ縮減されたりする傾向にある。したがって、労使の力関係においても、また多元的であると理解されてきた自民党の支持基盤のなかの力関係においても、企業エリートの一人勝ちという状況が観察されるのである。

大企業の影響力の拡大は、その他の社会アクターだけではなく、国家との対比においても顕著である。「民に任せられるものは民に」という政治スローガンは小泉政権において何度となく繰り返されたが、このイデオロギーの発端は、一九九四年に発足した行政改革委員会の官民活動分担小委員会が九六年に「行政関与の在り方に関する基準」を作成したことにさかのぼる。行政の関与は必要なものに限定して最少の費用で行い、民間企業ができることは民間企業に任せるべきであるという考え方が打ち出され、このイデオロギーはさしたる批判を受けることもなく、小さな政府を実現するスローガンとして使われることとなった。「民に任せられるものは民に」ということは、行政活動のうち民間企業が受注したいもの、つまりは営利が見込める活動は、すべて民間委託や民営化を通じて企業に開放すべきだということを意味する。

実際、二〇〇四年に規制改革・民間開放推進委員会が発足してからは、この民間開放の傾向はさらに強まり、「官製ビジネス」に民間企業を参入させるためのさまざまな改革が行われた。公共サービス改革法(二〇〇六年)の成立による市場化テストの導入はその象徴である。市場化テストとはイギリスにおいて開発された手法であり、官民で競争をさせ(市場化テスト)、民間企業がより少ない費用で同じ目標を達成できる場合に民間委託を行うものである。イギリスの場合はあくまで公共の視点から、市場化テストを実施する公共サービスを国・自治体側が選定し実施したが、日本ではまずは営利企業に受託したいサービスを申請させた点で、両者は大きく異なるものであった。つまりは、日本では営利企業がどこまで儲けられるかという視点が強く反映されており、イギリスよりもなお強く政府活動の「商業化」が進行しているのである。

国家と大企業の力関係が逆転していくことになったのは、一九九〇年代の官僚バッシングが大きく影響を与えているからだと思われる。大蔵省や日本銀行といったエリート官庁で不祥事が発覚し、それがバブル経済の発生および処理の責任を担う官庁であったこともあり、官僚への信頼はこの頃より低下してくる。加えて、政界再編が進んでいたこの時期は、政党間競争が激化しており、自民党政治家にとっても官僚を叩くことで自らの責任を回避し、メディアの攻撃をかわそうとする誘因が働いていたことがある。官僚バッシングが吹き荒れた結果、従来なら官僚に与えられていたであろうポストが民間人――すなわち大企業経営者――に渡ることも散見されるようになってきた(日本郵政公社総裁や日本郵便株式会社社長など)。

グローバル化

企業エリートの政治力が突出していることは、グローバル経済の下ではかつてとは異なる意味合いを持つ。グローバル化と金融化が進展した今日では、もはや国民経済の単位で政治を語ることには限界があるからだ。国民経済の時代には、労働者の賃金が上がることは国内消費の喚起に繋がり、それはめぐりめぐって企業を潤すことになった。しかしながら、企業の収益が金融取引や海外の需要に依存するようになると、経営者は自国の労働者が購買力を上げることに消極的になっていく。企業の利益増大を労働者へと「トリクル・ダウン」(下へと滴り落ちる)させるのではなく、むしろ収奪する誘因が働いてしまうのである。その結果、グローバル企業の利益と国民の利益は乖離し、「国益」という概念で括ることを不可能にさせていく。

日本企業はどの程度グローバル化したかというと、例えば、製造業の海外生産比率は、一九九五年度には九%であったが、二〇〇五年度は一六・七%、一三年度は二二・九%にまで伸びている(経済産業省「海外事業活動基本調査」)。また、経団連役員企業において売上高に占める輸出・海外売上高の比率は、一九九〇年には二七・五％であったのが、二〇〇五年には四〇・九％となっている［佐々木二〇〇七：四〇］。雇用に着目すれば、一九九五年に海外展開する日本企業が海外で雇用している労働者は二三三万人だったが、二〇一三年度には五五二万人へと倍増した。製造業に限ると一八五万人から四三八万人への伸びであり、この人数は国内の製造業就業者数と比較すると約一二％から約四二％への上昇となる（経済産業省「海外事業活動基本調査」、総務省「労働力調査」）。

海外現地法人は日本よりも賃金水準の低い国が多数であることを考えると、海外での生産や雇用の増加は日本で働く人びとの賃金に大きな影響を与えるはずである。実際、日経連（日本経営者団体連盟）が毎年刊行していた「経営労働政策委員会報告」は、日本の人件費が高いことを一九九五年度版以降強調しており、春闘の構造改革を訴えてきた。二〇〇三年版（日本経団連刊行）では「労組が賃上げ要求を掲げて、実力行使を背景に、社会的横断化を意図して「闘う」という「春闘」は、大勢においては終焉した」と勝利宣言を出すに至るのである。

グローバル化の進展は、国民経済単位で「国益」を定義することを無意味化し、企業と労働者の利益相反の幅を広げていく。そうした状況下で企業エリートの政治的影響力が強くなれば、政府活動はその圧力を受けて、国民経済の発展という「国益」に沿ったものというよりも、グローバル企業の「私益」拡大に資するものに変質していくことになるのである。

2 企業の政治的影響力拡大のメカニズム

富裕層と低所得者層では異なるメカニズムが働き経済格差が生じたのであれば、政治的不平等の広がりに関しても、やはり異なるメカニズムが働いているのだろうか。労働組合の影響力の減退は、組織率の低下や国営企業の民営化などに求められるが、企業の政治的影響力の拡大はどのようなメカニズムを通じて生じているのだろうか。

ここでは企業エリートが影響力を拡大させるメカニズムをこれまでの政治学の知見から整理し、そのうえで、どのような対抗策が考えられるのかを論じていきたい。

メカニズム1 「退出」の力

グローバル化は企業の影響力を労働者のそれと比較して拡大させたが、そのメカニズムはアルバート・ハーシュマンの「退出」と「発言」から説明することができる［ハーシュマン二〇〇五］。ハーシュマンは消費者が企業に対して起こし得る行動として、「退出」「発言」「忠誠」の三つを挙げた。「発言」とは消費者としての苦情を企業に届ける行動であり、「退出」とは他企業の商品に買い換える行動である。「忠誠」はそのどちらの行動も起こさず、不満があったとしても商品を忠実に買い続ける行動となる。この三つの消費者行動のうち、企業にとって最も恐ろしいのは「退出」である。商品が売れなくなるのであれば収益を直撃するため、企業は何らかの改善措置をとらざるを得なくなるからだ。

消費者と企業の関係を、企業と国家に置き換えるとどうなるであろうか。よりよいビジネス環境を求めて国境を越えて活動するグローバル企業は、「退出」できる立場にある。より安い税金や人件費を求めて、企業は最適な立地を地球上から探しだし、見つけるやいなや今いる国から「退出」することが可能だからだ。工場が海外に移転すると雇用が減ってしまうので、国家としてはグローバル企業をつなぎとめるために、よりよい条件を提示しなくてはならなくなる。

この「退出」するという選択肢は、国境を越える移動能力を持ち得る主体だけの特権的なものである。高度なスキルを持って国境を越える移住労働者も存在するが、社会的関係を持つ人間と比べて、しがらみのない企業はもっと簡単に国境を越えることができる。製造業と金融業を比較すれば、金融業のほうが遥かに迅速に国境を越えて移動することが可能なため、より高い交渉力を持つことになる。

さらに重要な点は、実際に退出しなくとも、「退出するかもしれない」という可能性が影響力の源泉となることである。退出自体は移動コストを伴うものであるが、「退出するぞ」と脅しをかけるだけで相手がいうことを聞いてくれるのであれば、より安上がりに交渉力を得られるのである。労使の力関係に関しては、そもそも使用者のほうが優位に立つが、グローバル化の進展はグローバル企業に退出オプションを与えることにより、力関係をさらに使用者に有利な方向に変えたのである。

企業が退出オプションを持ち始めたことで、国家はビジネスを引き止めるべく、よりよい条件をめぐって競争することを余儀なくされている。これは「底辺への競争」と呼ばれる現象であるが、なぜ「底辺」なのかといえば、ビジネスにとってよりよい条件とは、労働者や消費者にとってのよりよい条件(高い賃金、安全規制、情報開示など)と真っ向から対立し、労働規制や安全規制の水準は「底辺」に向かって切り下げ競争が起きてしまうからである。富裕層への所得税率や法人税率が引き下げられてきたのも、「底辺への競争」原理が働いているからである。安倍晋三首相は日本を「世界で一番企業が活躍しやすい国」にすると明言したが、このことはつまり社会的な規制を「底辺」に向けて切り下げていくことを宣言したのであり、日本は「底辺への競争」のなかに放り投げられているのである。

メカニズム2　組織力と発言

「発言」と「退出」を比較すると、「退出」オプションを持つ者が有利な立場に立つが、「発言」という行動が意味を持たなくなったわけではない。政治が「発言」という行動を中心として成り立つ営みであることには変わりないからである。「退出」オプションを持つ者と持たない者とのあいだの不平等をどのように解消していくかは、「発言」にかかっているといえよう。

では、その発言力(=政治力)は何によって規定されるのだろうか。繰り返し述べてきたように、第一義的には組織力である。そして組織力は便益と費用の集中度によって規定される(第1章参照)。便益や費用が少数のアクターに集中しているほど、フリーライダーは出現しにくく、組織化がしやすいからである。

「発言」の領域においても、企業はやはり優位な立場に立つ。このことは公共選択論と呼ばれる経済学派が常々指摘してきた。ノーベル経済学賞を受賞したジョージ・スティグラーによると、参入規制は消費者のためにあるのではなく、既存の企業の利益を守るためのものである。規制があることによって、レント(超過利益)が生じるため、企業はレントを求めて規制が敷かれることを望むというのである[スティグラー一九八一]。

ここで集合行為問題が重要になってくる。規制に守られている企業は規制の便益を集中的に受けているのであり、たいていは業界団体を結成し、規制の維持を求め続けることになる。参入規制は自由競争を阻害するため、消費者は不利益を被る。しかしながら、消費者は集合行為問題を乗り越えて組織化することが不得意な集団である。したがって、業界利益が消費者利益を圧倒し、規制緩和はなかなか起きないのである。

公共選択論は「既得権益」を守る規制は撤廃しなければならないことを説き、新自由主義改革の理論的支柱となった。しかしながら、公共選択論の理屈が正しいのであれば、規制緩和が世界的な規模で起きていることはどのように説明できるのだろうか。消費者運動が盛んになったとでもいうのであろうか。消費者運動や環境保護運動の高まりが新たな安全規制や表示義務を生み出した事例もあるが、産業規制の緩和はそれでは説明がつかないものである。

規制緩和を誰が主導したかを検証すると、新規参入をもくろむ企業であることが一般的である。労働者を保護する労働市場規制にしても、地元の商店街を守ってきた大規模商店規制法(大店法)にしても、それらの規制が緩和されることに商機を見出す企業が規制緩和を先導してきたのである。

労働者が買い叩かれることで人件費削減の分だけ商品の値段が下がり、結果的に消費者の利益に適うという構図は存在するかもしれない。しかしながら、規制を求める主体も、そして規制緩和を求める主体も、ともに発言力を持った企業であったことは強調しておく必要がある。

公共選択論が見出した業界利益の過大な政治力は、規制当局が公益性を持つことを否定し、規制緩和に理論的根拠を与えるものであった。しかしながら、業界利益は規制が緩和される過程においても等しく見出されるとしたら、〈業界〉対〈消費者〉という対立構図は見せかけのものにすぎないということになる。〈業界〉対〈消費者〉の対立が強調され、規制緩和は消費者利益のためと喧伝されることによって、〈業界〉対〈業界〉の対立構図を見えにくくしてしまうのである。

規制をかけるにしても撤廃するにしても、結局はその背後には利益政治が作用していること、そして政治力を規定するのは組織力であることは、政治の基本的メカニズムとして押さえておく必要があるだろう。

メカニズム3　政策過程の変更——選挙制度と拒否点

〈業界〉対〈業界〉の対立構図があるとして、新規参入の企業側はなにゆえ発言力を持ち得たのだろうか。規制の恩恵に浴している側は、そもそも組織力があったがゆえに規制を勝ち得たのだとすると、なぜ既得権益側の発言力よりも参入側の発言力のほうが上回ることができたのかという疑問が湧く。

これを理解する鍵は政策過程の変更である。政策過程にはそもそも権力構造が内在する。政策過程が変わることは権力構造を変化させることにつながるのだ。誰がより大きな影響力を持てるのかが変わってくるからである。第3章で論じた合意形成型民主主義から多数決型民主主義への移行は、単にある民主主義から別の民主主義に「中立的に」移行したことを意味するのではない。政策決定過程を変容させること自体が、権力闘争なのである。

合意形成型民主主義は少数派にも拒否権を与えるため、「痛みを伴う」改革は断行しにくい。他方、多数決型民主主義であれば、比較的自由な政権運営が可能になる。多数決機関を設置し、政権の意向を汲んだ人物を任命することで、政策の方向性の主導権を握ることができるからである。近年になり日本が多数決型民主主義に移行しつつあることは、時の政権への権力集中をもたらし、時の政権に近い勢力にとっては有利な政治環境となっている。

政治学では「拒否点」という言葉がしばしば用いられる。反対派が拒否権を行使しうるような意思決定の場は拒否点と呼ばれ、一般的にはこの拒否点が少ないほど改革は断行しやすい。五五年体制下の政策過程は拒否点が多く、このことが迅速な決定の妨げになっていた。逆の言い方をすれば、政策過程に参入できたアクターの数が多く、代表制の観点からはより包括性が高かったわけである。他方、ポスト五五年体制では、「首相支配」や「官邸主導」という言葉が象徴するように、権力を集中化させることによって拒否点の削減が進められてきた。

拒否点が減少した理由の一つは選挙制度改革である。小選挙区制の最大の特徴は少数支配（寡頭制）に転化する可能性にある。第3章で述べたように、小選挙区制では各選挙区で相対多数の票を得た候補者が議席を確保できるため、全体としての政党の得票比率と議席比率は乖離する。それだ

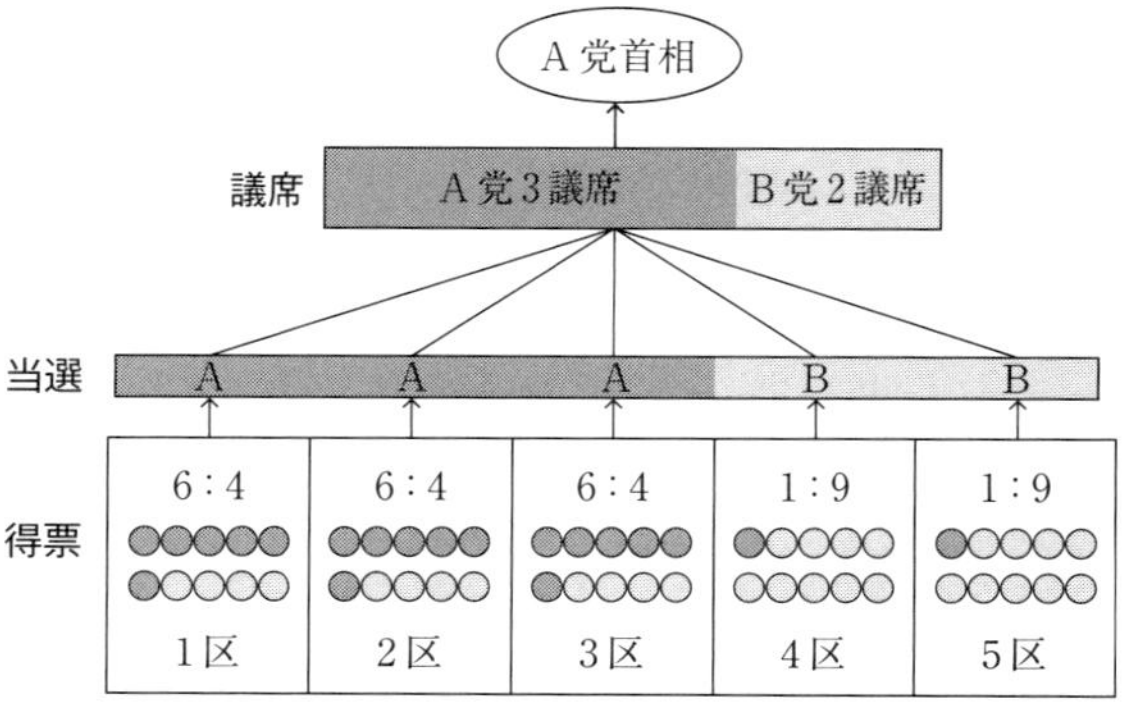

得票数合計はA党20票，B党30票

図1　小選挙区における逆転現象

けではなく、逆転することもあり得る（図1）。投票率が低かったり、三つ以上の政党が競合したりしている場合、第一党は比較的少数の支持を得ているだけで、過大な議席を確保することが可能である。小選挙区制を採用しているアメリカやイギリスにおいて格差の拡大が急速であることも、小選挙区制の影響を裏付ける。

さらには、小選挙区制と政党交付金は、公認選定や交付金配分を通じて、政党幹部に権力を集中させる。自民党の派閥の力が弱まることは、拒否点がそれだけ減ることを意味する。

政策過程に目を転じるならば、第3章で検討した審議会も拒否点である。規制改革関連の多数決機関が設置されるようになったのは、審議会という拒否点を迂回することが目的の一つだったからである。

同様に、自民党の総務会・政務調査会も日本の政策過程における拒否点である。官邸主導の政策過程はこの拒否点を弱体化させるものであった。一九六〇年代より、政府提出法案を閣議決定する際には、事前に自民党総務会の了承を得るという慣行が確立しており、この与党事前審査があるがために、政府と自民党の二重権力構造が形成されてきた［飯尾二〇〇七］。自民党内でも異論の多い構造改革を推し進めるためには、拒否点となっている自民党総務会を弱体化させなくてはならず、小泉首相は経済財政諮問会議をうまく用いることで、拒否点である総務会の影響力を弱め、公共事業の削減や郵政民営化を成し遂げたのである[上川二〇一〇]。

グローバル競争を勝ち抜くために大企業は新自由主義的改革を要望しているが、そうした改革は「痛みを伴う」がゆえに、拒否点が多数埋め込まれている合意形成型民主主義の下では実現が難しい。「抵抗勢力」を跳ね退けるためには、首相や官邸が改革を主導し、拒否点を減らすことが必要になってくる。一九九〇年代以降、財界が迅速な決定や首相のリーダーシップに期待を寄せるようになったのも、新自由主義的改革を進めていくには政策過程の変更が不可欠であるという認識があったからにほかならない。多数決型民主主義への移行は、ビジネスの権力を強めるものでもあったのである。

メカニズム4 非決定と政策漂流

企業エリートの影響力拡大は、「非決定」というメカニズムにも支えられている[Bachrach and Baratz 1970]。

政治は意思決定のメカニズムであるが、決定をしないという決定を下すこともある。こうした非決定は、企業への適切な規制を設けないことで現れる。見える形で権力を行使する規制緩和よりも、見えない形での権力行使のほうがやりやすいものである。

例えば、健康に甚大な被害を及ぼすアスベスト(石綿)の規制は段階的に行われてきたが、日本で全種類のアスベストの使用が原則禁止となったのは、ようやく二〇〇四年のことである。一九八〇年代にアイスランド、ノルウェーなど北欧諸国から原則禁止の動きが広がり、九〇年代には欧州中心部にも及んだ。日本は一〇年から二〇年近い遅れをとったことになる[大島二〇一二]。非決定のメカニズムが規制の導入を妨げたからである。

政策が市場や社会の変化に追いついていけず、適切にアップデートされていない現象を「政策漂流」と呼ぶ。「非決定」の政治は「政策漂流」を引き起こすものである。先に紹介したジェイコブ・ハッカーやポール・ピアソンは、アメリカで「勝者総取り」の政治が引き起こされているのは、この「政策漂流」が生じているからだと主張する[Hacker and Pierson 2010]。再分配政策に積極的な民主党が「余計な」立法を行わないようロビー活動をすることで、富裕層は利益を得ているというのである。例えば、金融取引への課税強化を行わないという「非決定」は、格差拡大を加速させている。

第4章で論じた福祉国家の機能不全も、「非決定」のメカニズムが作用し、「政策漂流」が引き起こされている例である。日本の「雇用を通じた福祉」はもはや機能不全に陥り、貧困問題の悪化という形で顕出しているにもかかわらず、この問題は放置されたままである。日本のようにもともと再分配機能が極めて弱い場合、「政策漂流」は大きなインパクトを持つ。特に何もしないという「非決定」の政治が行われるだけで、貧困率は大きく上昇してしまうからである。格差是正のためには、富裕層への課税強化という大きな制度改革が必要であるが、それを求める大規模な社会運動が起きていない以上、静かな「非決定」が続くことで格差拡大がもたらされるのである。

メカニズム５　政治献金

企業エリートの影響力を支える最も直接的な資源は政治献金である。

アメリカにおける富裕層の過大な政治的影響力を指摘するギレンズは、その理由として政治献金を挙げ、適切な政治資金規正法があれば、政治的不平等は多少なりとも改善が可能であると論じる［Gilens 2012］。

日本では一九九四年に政党助成法が成立し、国民一人当たり年二五〇円、総額約三二〇億円が政党に交付されるようになった。企業・団体献金を禁止することが政党交付金導入の目的の一つであったはずだが、実際には企業・団体献金は現在に至るまで禁止されていない。政治家個人への企業・団体献金は二〇〇〇年に禁止となるものの、政党の政治資金団体や政党支部へは献金が可能であり、政党支部は事実上政治家個人が支部長となり個人で管理しているのが実態である。

もっとも企業献金の推移を見ると、経団連から自民党への政治献金は政党助成法成立により大幅に低下した。一九九一年には九八・五億円献金していたのが、九四年には四一・五億円と半額以下になり、二〇〇〇年代は二〇億円半ばで推移している(4)。この間、財界の政治的影響力が強まったとするると、その理由を政治献金に求めることはできない。むしろかつてよりも安上がりに政治的影響力

(4)　日本経済団体連合会「政党の政治資金団体への企業・団体寄付の推移」(http://www.keidanren.or.jp/japanese/policy/2003/122/suii.pdf)。

を行使できるようになっているとさえいえるだろう。表に出ているだけで約七〇億円の節約が実現しているが、その穴埋めとして税金から三二〇億円が支出されているとしたら、何のための政治資金改革であったのかということになろう。

企業・団体献金の改革は政治的平等性の観点から不可欠であるが、選挙運動のあり方と併せて議論する必要があるだろう。小選挙区比例代表並立制が導入されたことにより、選挙は候補者本位から政党本位へと移行しつつある。そして、選挙の顔として党首の重要性が高まったこともあり、メディア戦略に優れた者が優位に立つ政治状況が生まれている。メディア戦略には多額の資金を要し、そのことがカルテル化政党現象をもたらしていると海外の事例では指摘される。日本の場合もメディア戦略の重要度が増すほど、政党は企業献金への依存から抜け出せなくなるであろう。

政党間競争の活性化および参加の拡大に向けて、公正な競争の観点から選挙活動資金のあり方を点検しない限り、企業・団体や富裕層が政治的に有利になることを防ぐことはできない。「政治とカネ」のスキャンダルが社会的関心を惹くのはもっぱら不正使用の側面であるが、不正ではないまっとうな選挙活動資金に関しても、法定選挙運動費や政党交付金の使途を含めて見直しが必要である。

メカニズム6　情報格差と無関心

企業エリートの影響力を支える最後の要因は情報力である。格差拡大をもたらした税制改正や金融規制の緩和は、制度が極めて複雑であり、一般有権者の関心を引くものではない。本来なら不利な立場に追い込まれる中間層や低所得者層が制度改革を監視できていないことが、格差拡大をもたらしてしまっている。つまり、企業エリートが密室で不正に影響力を行使しているというよりも（そうした側面もあるかもしれないが）、問題は、たとえオープンに議論が行われていても、中間層や低所得者層が充分な監視機能を果たすことが難しい点である[Campbell 2010]。

複雑な制度改革が経済格差をもたらすのであれば、情報格差は経済格差に直結する。一般有権者とビジネス利益との情報格差を埋めていくためには、団体が組織され、どのような政策変更が誰にとって不利・有利かを判断し、その情報を共有できる体制が作られる必要がある。アメリカであれば高齢者団体がこの例に当たり、複雑な制度改革が高齢者に与える影響を分析・伝達する機能を担っている。あるいは生活保護制度の改変であれば、低所得者層を支援する団体や研究者が関心を寄せるため、ある程度の情報格差は埋められるかもしれない。しかしながら、富むものをより富ませることになる税制や金融制度の改革は、富裕層以外にとっては大きな関心事項とならないため、結果的に適正な規制が設けられないという事態が生じてしまう。低所得者層が必ずしも富裕層への課税強化を支持するわけではないというアメリカでの調査結果もあるように[Campbell 2010]、自分への影響ならともかく、他人の懐に関心を向けるとは限らないのである。そうであれば、社会的公正の観点から税制や金融制度を監視する団体が機能しないと、情報格差問題は解決しないだろう。二〇一五年に発足した「民間税制調査会」や「公正な税制を求める市民連絡会」には、そのような役割を担うことが期待される。

3 再び政党政治へ

ここまで、企業エリートが影響力を拡大させる背景には、幾つものメカニズムが働いていることを確認してきたが、民主主義の要件が「市民の要求に対し、政府が公平に応えること」だとすると、どのように政治的影響力の格差を縮めることができるのだろうか。

富の集中や貧困の拡大がすでに歴然としているのにもかかわらず、代表制民主主義を通じた適正な市場介入が起きていないのは、左派政党が信憑性のある経済政策の見通しを提示できていないことが大きい。安倍首相は二〇一四年の総選挙の際に、「この道しかない」というスローガンを掲げたが、これはイギリスのマーガレット・サッチャー首相が新自由主義政策への支持を取り付ける時に述べた"There Is No Alternative (TINA)"とまったく同じものである。左派政党がオルタナティブを提示できない限り、代表制民主主義も機能せず、民主主義の要件も満たされない。

日本よりも早く新自由主義改革の波が襲ったヨーロッパでは、左派政党が生き残りを賭けて新たな成長ビジョンの提示に努め、それは一九九〇年代以降に、「参加型の成長」や「社会的投資戦略」といったスローガンの下で新しい社会的合意の形成が図られてきた。この経験は日本においても活かされる必要があるだろう[パリエ二〇一四; 濵田二〇一四]。

日本では五五年体制の崩壊以降、左右対立軸が意味を失う政治状況がもたらされた。グローバル経済や財政再建の必要性を前提にすると実現可能な政策の幅は狭まり、政党間で政策の違いがあまりないのも仕方がないという見方に説得されがちである。したがって、この思考枠組みから脱却しない限り、意味のある政党間競争は展開し得ないことになる。

では、今日のグローバル経済の下で、どのような政党対立軸が可能なのだろうか。

国家の退場か？　新たな役割か？

左右の対立軸が不明瞭である、すなわち意味のある政党対立軸が形成できないのは、分配に関する経済政策がもはや主要な政治的争点とならないことが最大の要因となっている。かつては、計画経済と市場経済のどちらが望ましいのかをめぐって論戦が繰り広げられていたが、冷戦の終結とともに市場経済に軍配が上がることで決着がもたらされた。それだけではなく、ソビエト型の計画経済の失敗は、政府が適切に経済を運営し、人びとのニーズに応えることができるという政府の信用もまた失墜させるものであった。国境を越えグローバルに経済主体が活動するなか、市場経済を国家が統制する術は限られており、とりわけ分配構造に介入することは経済活動を阻害し、かえって成長を妨げるという見方が広がっている。つまり、国家の退場は不可避であるというのである。

国家の退場は、すなわち政党の退場でもある。政党は国家機構を通じて社会や経済を望ましい方向に変えることができる、という前提が成立しなければ、有権者が政権を選択する実質的な意味は消失してしまう。政権（代表者）を選ぶこと自体に意味があるのではなく、政権選択を通じて異なる未来を手に入れることに、私たちは意義と希望を見出しているからだ。

では、グローバル経済を前に、国家はもはや役に立たないのであろうか。ここで考えなければならないのは、国家か市場かという二者択一の枠組み自体から脱却する必要性である。「財政の壁」は確かにあるものの、国家はまったくもって無力であるという極論に陥る必要はない。無限大に財政を拡大させることはできないが、だからといって無限大に格差を拡大させていいということにはならないであろう。国家と市場のバランスの取れた組み合わせ方を模索すべきなのである。

格差拡大の原因を考えてみれば、作為であれ不作為であれ、国家が関与していることは明白である。富む者をますます富ませる金融制度改革、労働者の賃金水準を引き下げることにつながる労働市場改革、再分配を強化する税制改革の放棄など、制度改革の決定および非決定を通じて、格差拡大がもたらされてきたのである。国家の関与の下に格差が拡大したということは、異なる形での国家の関与の下に格差拡大を食い止めたり是正したりすることは可能であることを意味する。

「国家」対「市場」という枠組みで考えると、市場という統制の効かない非人間的なメカニズムを前に、国家という人工物は諦めるしかないという見方に陥ってしまいがちだ。ところが、「国家」対「企業」と考えると、また違った印象になるのではないだろうか。

「市場」というのは、本当のところは「企業」の経済活動の総和である。人間が営む「企業」は、人間によって適切にまた公正に管理できると私たちは考えるが、「企業」が「市場」に置き換わると、「市場メカニズム」という競争原理を前に私たちの思考は奪われてしまう。競争原理の下では「企業」が良心も人間性も失うことは当然であるかのような錯覚に陥ってしまうからである。

市場メカニズムがより良い結果をもたらすと考えられているのは、公正で自由な競争は資源配分を効率的に行い、そして新しい価値創造をもたらすからであろう。市場がその潜在能力を発揮するためには、公正で自由な競争が保障される必要がある。市場が常に良い結果をもたらすのではなく、良い結果をもたらすような適切な規制が必要なのである。

かつて日本では「過当競争」という言葉が使われ、行き過ぎた競争は共倒れとなるから望ましくないとして、事実上のカルテルが行政指導で形成されたり黙認されたりしてきた。新自由主義的発想が浸透した現在では、「過当競争」という言葉はもはや死語に近いが、この言葉は過度の低価格競争に対しては生き返らせるべきものである。行き過ぎた低価格競争は、労働基準法の厳格な適用が確保されない限り、労働環境の劣化を引き起こすからだ。労働者保護の観点から「公正競争」を実現させることは、健全な市場経済の運営に欠かせないはずである。「ブラック企業」といった存在は、公正な競争を阻害している最たるものの一つであり、そうした不公正な労働慣行にパラサイト（寄生）する企業を国家が取り除かなければ、歪んだ競争の下で非効率的な資源配分と経済停滞しかもたらされないだろう。

国家か市場かという二者択一ではなく、公正な市場経済の実現のために適正な国家の役割があるという考え方に立ち戻り、国家の新たな役割を考え直していくことが、政党対立軸を意味あるものにする第一歩なのである。

国家責任と自己責任

国家の役割を考えるうえで、どこまで分配／再分配構造に介入できるかが非常に重要なポイントとなる。「財政の壁」がある限り、国家は福祉から撤退することを余儀なくされる。

日本よりも遥かに充実した福祉国家を発達させたヨーロッパは、日本よりも早く「財政の壁」に直面し、一九九〇年代以降は福祉国家の刷新を試みるようになる。総じて失業率が高かったことも相まって雇用創出が喫緊の課題となるが、雇用を生み出すための需要政策（財政支出）には頼れない以上、サプライ・サイドである就労支援策が強調されることになった。すなわち、個々人が能力を高めれば就労機会が増えるであろうという前提に立ち、国家が個々人の能力開発を積極的に支援するようになったのである。流動的な経済的見通しのなかで個人が生き延びていくために、個人が自己投資をして能力開発を行うことが重要であり、国家はそうした個人を支援することに新たな役割を見出したのである。失業したり貧困に陥ったりした人びとを事後的に救済するのではなく、また国家が雇用の場を作り出すのではなく、困窮することにならないよう人びとが努力するべく仕向けていくこととなった。福祉国家から「能力開発国家」への変容が進みつつある［三浦・濵田二〇一二］。

こうした能力開発の強調は、国家の役割を変化させるだけではなく、同時に国家の責任を縮小させかねないものである。福祉国家がリスクの社会化を行ってきたのに対して、能力開発国家はリスクの個人化を前提とするため、社会権の後退を招くからである。リスクに備えて研鑽をしなければならないのは個人であり、国家はあくまでそうした個人を側面支援するだけである。個人は確かにリスクに対処できるように能力を身に付け、結果的に苦境を生き延びることのできる人びとも出てくるだろう。しかしながら、貧困に陥った場合は、リスク・ヘッジの自己投資を怠った個人の責任だと捉えられてしまうことにつながる。能力開発国家は、責任の主体を個人に見出すことから、自己責任論をかえって強めるのである。

つまり、国家には新たな役割があるとしても、それが国家を免責すると考えるのか、国家には固有の責任があると考えるのか、これは左右を分かつ重要な論点である。

福祉国家が形成されてきた二〇世紀初頭も、失業は社会構造の結果引き起こされるのか、それとも失業に陥った個人に問題があるのかは、左右の立脚点の相違を明確に示すものであった。社会構造に問題があるのであれば、国家の責任として失業対策を施行することになるが、個人の責任であれば国家の役割は限定的である。福祉国家が支持されるようになってきた背景には、大量の失業者の発生により、もはや個人の責任とは捉えられないという認識が広く共有されたことがある。

今日の日本社会では自己責任論の影響力が強いが、これはもともとはアメリカにおいて福祉国家を攻撃するための右派の言説として繰り広げられてきたものである。生活保護受給者へのバッシングが受け入れられやすい背景にも、自己責任論の影響力の大きさを見ることができる。貧困が個人の責任であるならば、国家が生活保護というかたちで救済するのはおかしいという理屈である。福祉国家の解体を望む勢力は、自己責任論を盾に、予算の削減や受給資格の厳格化の正当性を訴えるのである。

このように考えると、自己責任論は今日の左右対立の主戦場であることが分かる。自己責任論の思考にとらわれている限り、格差や貧困を生み出す社会構造や国家の役割に目が向けられることはないであろう。日本においては、社会への想像力の貧困が自己責任論を流行らせているともいえるが、自己責任論の隆盛は社会の右傾化の指標ともいえる。

日本において非正規雇用が四割近くを占めているのは、個々の労働者の責任によるものではない。

ブラック企業を避けることは、知識や経験によりある程度は可能かもしれない。しかしながら、働き先がブラック企業であった場合はその労働者に責任があるわけではない。法令違反を犯している企業経営者に責任があるのである。

重要な点は、「国家」と「市場」を二者択一で捉える必要がなかったように、「国家」と「個人」もまた二者択一ではないということである。個人が責任を引き受けるべき状況もあるであろう。ただし、それが国家の全面的な責任放棄を正当化することにはならないのである。

「財政の壁」を乗り越える

最後に検討しなければならないのは、「財政の壁」である。カルテル政党化現象が引き起こされた原因を思い起こせば、「財政の壁」があるがゆえに包括政党化戦略が飽和状態となっていたことがある。必要な財政手当がないのであれば、結局はどの政党も似たり寄ったりの政策しか提示できないということになってしまう。

民主党政権の失敗も、突き詰めると「財政の壁」を乗り越えることができなかったということに行き着く。前章で触れたように、民主党は政権に就く前に財源の見通しをそれなりに立ててはいたものの、二〇〇九年のマニフェスト作成の時点では政権に就けば財源は出てくるとの想定に立ったため、過大な項目が並ぶこととなった。結果的に無駄の削減や「埋蔵金」発掘だけではマニフェストに載せた政策を実現することができず、政権交代から一年を待たずして消費税増税に舵を切り、有権者の信頼を失うことになった。二〇〇九年時点では政党対立軸が〈新自由主義〉対〈リベラル〉に近い形で設定されたにもかかわらず、これが短期間のうちに消失してしまったのは、「財政の壁」が大きく立ちはだかっていたからである。

トマ・ピケティが提示する格差への対処策も、課税強化という古典的なものである。グローバルに金融資産を動かすことのできる今日では、一国だけが課税を強化しても海外への資産逃避を招くことになるため、国際協調が不可欠である。例えば、国際通貨取引に低率で課税するトービン税はグローバル化に対応する一つの有効な課税方法だと考えられている。アイディアはよいものの実現は難しいと思われていたが、欧州連合の一一カ国で二〇一六年までに導入する見込みとなっている。国家が適切な課税能力を高め、国境を越えた所得再分配をどのように構想するかは、これからの財政学者の重要な仕事になっていくだろう。

日本の場合は、二〇一四年度末で八〇七兆円、ＧＤＰの二三〇％にのぼる財政赤字があり、先進国で最も深刻な状況に陥っている。財政再建のためには消費税増税は効果的であると考えられているが、痛税感の強い消費税への有権者の理解と支持は低い。一九八〇年代に消費税導入が模索された時代は、不公正税制をどのように是正するかが問題提起され、簡素な大型間接税のほうが捕捉率が高く、公平性と透明性が高いと政府は説明していた。ところが、二〇〇〇年代に入ってからは社会保障の安定や強化のために必要であるとの説明が主流となっている。さらには、有権者を納得させるために、消費税増税のたびに減税がセットで打ち出されており、結果的に消費税増税は税収の増加にはさほど貢献しないという本末転倒な状況となっている。消費税引き上げのたびにそれを決定した政党が次の選挙で議席を失うというパターンが繰り返されていることからも分かる通り、社会保障の充実という理由を付けてもなお、有権者の消費税への不信感は強いといえよう。

消費税をめぐる議論は、どのように財源を確保するかということから出発し、安定的な税源としての消費税のメリットが強調される傾向にある。そして、逆進的な消費税増税への支持を得るために、痛税感や逆進性を緩和する措置(低減税率や低所得者層への現金給付)が模索されてきた。二〇一〇年の参院選の際に菅直人首相は、給付つき税額控除の導入を示唆したものの、消費税増税への理解を得られず、また二〇一四年の総選挙では安倍首相は消費税一〇%への増税の先送りを決定しており、依然として有権者から消費税増税の支持を取りつけることは難しい状況にある。

より構造的な問題として、多額の借金をすでに抱えている日本では消費税増税分がすべて社会保障の充実に回るわけではないことがある。二〇一四年の消費税八%への増税によって、税収としては五兆円が新たに加わったが、このうち社会保障費の拡充に向けられたのは〇・五兆円と、わずか一割でしかなかった[井手二〇一五]。加えて、日本の消費税が大企業や輸出企業に有利な仕組みとなっている点も、消費税への不信感を下支えするものである[斎藤二〇一〇]。

日本の抱える巨額な財政赤字と急激な人口減少を考えれば、増税なしに社会保障を充実させるのが不可能であることは、有権者にとっても周知の事実であろう。増税なしに社会保障の充実だけを訴える政党は信用されないであろうが、かといって増税と再分配と財政再建をどのようにバランスよく主張することが支持につながるのかは未知数である。

「財政の壁」を乗り越えていくためには、議論の立て方から新たに設定し直す必要がある。消費税が導入されて以降、所得税と法人税の減税分確保のために消費税を増税する枠組みへと変わった

[井手二〇一二]。中間層と企業の負担の軽減を低所得層の負担が大きい課税で賄うことは、負担の公平性を著しく欠くものである。財源確保から話を始めるのではなく、格差是正を正面に据え、不公正税制の是正と再分配の強化を実現する税金のあり方を議論しなくては、有権者の理解を得ることは難しいのではないだろうか。

経済格差の極端なまでの広がりは、民主主義の観点からも大きな問題をはらむ。市民間での政治的不平等の高まりは、端的にいって民主主義に反するものだからだ。経済的資源の格差が代表性の格差を規定する以上、代表制民主主義を再生させるためには経済的格差の縮小が必要なのである。同時に、経済的格差の縮小を実現する政策ビジョンの提示は左右対立軸の明瞭化を伴うという意味で、競争的政党政治を活性化させるものでもある。つまりは、民主主義を深化させるためにも、実質的な政党間競争を活性化させるためにも、経済格差の適正化に関する議論を避けて通ることはできないのである。

終　章

私たちの声を議会へ

どうしたら私たちの声を議会に届けることができるだろうか。

本書ではこれまで、政治家が私たちの声を聴かなくなった理由を探ってきた。「競争」「参加」「多様性」のすべてが、そもそも足りないか、あるいは弱まりつつあることがその主な理由である。したがって、これら三つの局面をそれぞれ強化していくことが急務なのだ。

代表制民主主義を立て直す観点から重視すべきは、代表される人びとと代表する人たちとの関係性である。両者が質の高い双方向のコミュニケーションをとることで、代表すべき内容を見出していく必要がある。

選挙は代表者を確定する仕組みであるが、代表制民主主義はそこで終わるわけではない。むしろ代表するという行為はそこから始まるのであり、選挙が終わった後の、私たちと代表者とのあいだの豊かなコミュニケーションが代表制民主主義の質を決めるのである。

政治参加の広がり

新しい時代はもう始まっている。もう止まらない。
［安保関連法案を審議する参議院特別委員会中央公聴会（二〇一五年九月一五日）での奥田愛基さん（SEALDs 中心メンバー）の発言より］

直接的な政治参加のうねりは、かつてないほどに高まっている。それはとりもなおさず、時の政権が私たちの声を聴き入れていないという思いが強まり、止むに止まれず、官邸前・国会前抗議や各地のデモ、パレードに参加し、声をあげる人びとが増えているからである。

3・11以降、脱原発を求める集会やデモが活発化し、現在では「金曜官邸前抗議」として完全に定着している。二〇一二年三月より、野田佳彦首相が進めようとした大飯原発の再稼働に反対する人びとが官邸前で抗議行動を始め、それは毎週金曜日の抗議行動へと発展し、二〇一二年六月二九日にはのべ二〇万人（主催者発表）の人びとが結集する事態にまで発展した［野間二〇一二］。

政治に自分たちの声を届けようと、直接的に政治参加する人びとが増えているにもかかわらず、声を聴くべき人たちからの反応は鈍い。当時官邸にいた野田首相は、官邸を取り巻く人びとの抗議の声を「大きな音だね」と評した。人びとの「声」を聴くべき代表者が、それを受け止めることができず、「音」としか捉えられないこと自体、代表者本人が「代表」の意味を分かっていないことを示している。

人びとの直接的な政治参加は、居丈高な第二次安倍政権の国会運営によって、一層高まりを見せた。筆者自身も呼びかけ人として関わった「九六条の会」(樋口陽一代表)の発足記念シンポジウム(二〇一三年六月一四日、於：上智大学)には、予想を遥かに上回る一〇〇〇人近い参加者が集まり、急遽会場を九つも設けて受け入れる事態となった。安全保障関連法案が国会で審議され、圧倒的多数の憲法学者が違憲であると主張するなか開かれた「立憲デモクラシーの会」(樋口陽一・山口二郎共同代表)のシンポジウム(二〇一五年六月六日、於：東京大学)では、基調講演を行った佐藤幸治元京大教授の発言に注目が集まったこともあり、一四〇〇人が詰めかけた。学者主体のシンポジウムに一〇〇〇人規模で市民が集まること自体、大きな変化である。

二〇一五年五月三日の憲法集会(於：横浜・臨港パーク)には、それまで別々に行動していた団体が共催したこともあり、三万人が結集した。特定秘密保護法に反対して立ち上がった大学生のグループSASPL (Students against Secret Protection Law) は同法の施行を契機にSEALDs (Students Emergency Action for Liberal Democracy-s) として再出発し、渋谷デモや「戦争法案に反対する国会前抗議行動」などを通じて、政治参加の新しいスタイルと文化を創りあげた。

さらには、安全保障関連法案が七月一六日に衆議院で強行採決の末に可決され、参議院に送られると、抗議活動は全国的な高まりを見せた。六月に結成された「安全保障関連法案に反対する学者の会」はSEALDsと連携し、学生と学者の共同行動という新しい形の運動を展開し、一四〇を超える大学において有志が反対声明を出すほどまでに広がりを見せた。また、全国各地で若者、高校生、ママ、ミドルズ(中年)、高齢者、海外居住者などがそれぞれ会を結成し、デモや署名活動などの行動を開始した。そして、従来からの平和運動が結集した「戦争させない・9条壊すな！　総がかり行動」実行委員会は国会正門前集会や日比谷集会を毎週のように重ね、八月三〇日の呼びかけにはとうとう一二万人(主催者発表)が国会周辺に集まり、安保関連法案の廃止と安倍政権の退陣を求めるに至るのである。

また九月六日の日曜日午後に「学者の会」とSEALDsが新宿歩行者天国で企画した抗議集会には一万二千人が集まり、民主党代表代行の蓮舫は「先程来の皆さんの声を私はずっと聴いてきました」と挨拶に立った。「音」としか認知されていなかったデモが「声」として受け止められた瞬間だった。さらに蓮舫は「皆さん方の声を、私たちは国会議員としてもう一度重く受け止めて、国会での審議にしっかりと反映をさせていきたい」と語った。この発言は私たちの代表制民主主義が深化しつつあることを象徴している。「新しい時代はもう始まっている」のであり、この流れはもはや「止まらない」のではないだろうか。

安倍政権の強硬な姿勢はこうして、かつてない規模の直接行動を引き起こした。何より特徴的なのは、一人ひとりがこの問題に立ち向かい、「孤独な思考」(奥田愛基)の末に、それぞれが自分の言葉を見つけ出し、憲法規範を語り始めたことである。立憲主義・民主主義・平和主義という憲法が掲げる価値が深く再確認されるようになるのである。

九月一九日未明、安保関連法は日本の平和主義の根幹にある憲法九条を壊すために、立憲主義と民主主義を同時に踏みにじって成立した。大多数の憲法学者や元内閣法制局長官、元最高裁判所長官・判事が違憲と判断する以上、今後は司法の場で違憲性が改めて問われることになるだろう。では、民主主義はどうだろうか。直接行動の盛り上がりの先にあるのが、代表制民主主義の再生である。代表制民主主義を立て直すことが、立憲主義と平和主義を再び取り戻すために必要なのだ。

では改めて、代表制民主主義の再生に向けて私たちには何ができるだろうか。

結社(アソシエーション)

抗議の声をあげることは、民主主義が異議申し立ての自由を前提とする以上、民主主義にとって極めて重要な要素である。デモの正統性が認知されるに従い、選挙とデモは民主主義の両輪であるという見方が出されるようになってきた。代表制を機能させるためには、選挙とデモだけではなく、より制度的な参加の道筋ができあがることが必要である。

代表制民主主義においては、国家と個人のあいだに位置する中間団体が必要不可欠な役割を果たす。人びとと代表者との関係性および人びとのあいだの関係性の双方において、中間団体がその関係性を豊かなものにする。

人びとと代表者との関係性に関して、私たちの社会に存在する多様な声の存在を代表者に認識させるには、組織としてまとまっているほうが効果的である。社会におけるさまざまな利害や価値観、経験が漏れなく組織化されることによって、参加の機会は包括的になっていく。

しかしながら、実際には第1章で検討したように、組織化しやすい利益としにくい利益は構造的に決まっている。組織化しにくい利益が恒常的に排除されるのであれば、多元主義とは呼べない状況が出現する。この不均衡を解消するには、組織化しにくい利益をまとめあげるために、誰かが汗をかく必要が出てくる。汗をかくことを厭わない人がいなくては、代表制民主主義をうまく営むことはできない。

では、誰が汗をかいてくれるのだろうか。中間団体の重要性は、汗をかく人を育てるという意味においても際立っている。アレクシス・ド・トクヴィルが一九世紀のアメリカの民主主義において見出したのが、民主主義を下支えする中間団体の役割である［トクヴィル二〇〇五―〇八］。民主主義を営むためには市民的徳性が必要であり、それは公共の関心事に自らも心を寄せ、公共的生活の方針決定に能動的に参加しようとする心のあり方といえるだろう。すべての人にすべての事項において汗をかくことを求めるのは現実的ではないが、汗をかくことを厭わない人を勇気づけ、支えるような中間団体が存在しなくては、誰もが無関心になってしまい、民主主義は成立しなくなる。

民主主義の基盤としての中間団体は、そこに集う人全員にとって個人の尊厳が守られ、エンパワーされる（力を得る）場となることが求められよう。個人が搾取されたり抑圧されたりする組織は、この条件を満たさず、民主主義の基盤とはなりえない。もっとも、自由や民主主義を希求する組織が、その目標を実現するために個人に犠牲を求めるという本末転倒な状況は、それほど珍しくない。

このように人びとのあいだの関係性に目を向けるのであれば、人びとを結びつける中間団体は、個人の自由な意志を尊重するためにも、「結社」（アソシエーション）と呼ぶのが相応しいであろう。誰でも好きな時に作ることができ、出入りが自由な結社がたくさん存在することで、私たちはその時々の関心事に従って複数の結社を往来しながら、公共的生活の方針決定に能動的に参加していくことになる。そして、自発的結社が市民としての徳を涵養する機会を提供するのである。

現在の日本において民主主義の基盤となる結社はどの程度存在しているのだろうか。辻中豊らによれば、団体の数、財政、加入率は減少傾向にある。NPO法を契機に全国各地に多数のNPOが誕生し、サービス供給の点では貢献しているものの、「アソシエーション革命」と呼べるような爆発的な団体の噴出は見られないという調査結果が出ている[辻中・森二〇一〇]。もっとも、団体の数ではなく機能に目を転ずれば、約六割の団体が水平的で対面的なネットワークを持っており、民主主義の理念を学習し、信頼や互酬性を育む機能を有しているという[坂本二〇一〇]。(1)

民主党政権時に打ち出された「新しい公共」も、それが単なる行政の下請けで終わらないのであれば、私たちの社会における結社を豊かにしていく契機を含むものであった。緊縮財政の下、公共サービスの削減を埋め合わせるべくさまざまなNPOが活動を行っているが、そうしたNPOが市民的徳性の涵養と個人のエンパワーメントに成功した時、私たちはもっと豊かな民主主義を手に入れることができるだろう。

結社の一歩手前の政治的場を提供している活動に「怒れる女子会」がある。日本において政治や社会に対してモヤモヤとした思いを持っていても、それを共有する場がなく、ましてや政治を語ること自体を避ける文化がある。女性となるとなおさら、政治には関心がないかのように扱われることが多く、本人も、例えば保育所が足りないという主張が政治的であると気づくことは少ない。「怒れる女子会」は、現在の男性優位の政治状況に疑問を持っている、主に女性たちが自由に集まる場であり、フェイスブックを通じて誰でも主催者になれる。各地で憲法カフェを主催してきた弁護士の太田啓子さんのアイディアから、二〇一四年一一月にキックオフ大会となる「怒れる大女子会」が開催され(於:YWCA会館)、その後半年で約五〇の「怒れる女子会」が全国で開催された。そのうちの幾つかに参加して感じるのは、政治状況を変えるために何かしたいと思っている女性たちの多さである。何をすれば効果的であるのか分からなかったり、まだ出会えていないから踏み出せていなかったりすることは多いものの、結社一歩手前の状況は確実に日本社会において出現している。

似たような女性たちの試みとして、「全日本おばちゃん党」(谷口真由美代表代行)の動きにも注目する必要があるだろう。こちらは「おばちゃん」を自認する人だけが参加できるフェイスブック上の非公開グループである。「おばちゃん」たちの底上げを目指して、政治や社会に関する議論が日々取り交わされている。SNS上での議論は誤解を生みやすく深刻な対立に発展しかねないが、「おばちゃん」たちのユーモアと民主的ルールで、議論が白熱しても最後は収まっている。これこそ善き市民を作り出す場なのである。

さらには、二〇一五年の夏に誕生した安保関連法案に反対するさまざまな結社は、「アソシエーション革命」に匹敵するものかもしれない。違憲法案に対する反対もさることながら、代表制民主主義への危機感からこうした結社が生みだされたことを考えると、代表制民主主義の再生に向けて

(1)　辻中らのJIGS2(Japan Interest Group Study. 二〇〇六―〇七年実施)では、一般会員が団体の運営や意思決定に関与する程度と一般の会員同士が顔をあわせて話をする頻度で測定している。

今後も新たな取り組みがさまざまな形で展開されるに違いない。

接　続

クラウチは「民主主義が繁栄するのは、一般大衆が議論や自治組織を通じて公共的生活の方針決定に能動的に参加する機会が豊富にあり、その機会を能動的に活かすときである」と論じた［クラウチ二〇〇七：九］。日本社会では汗をかく人びとが、すでにたくさん動き出している。ここで取り上げた動きは、それらのごく一部でしかない。

問題は、人びとを代表する代表者が、人びとの声を受け止めきれていないという点である。代表者と代表される人びととのあいだの回路が目詰まりを起こし、院外の動きと院内の動きがうまく接続されていないのである。

永田町では国会会期中は毎日のように「院内集会」が開かれている。院内集会とは、三つある議員会館（衆議院二つ、参議院一つ）を舞台に、市民団体が議員に働きかけ開催する集会であり、市民団体が国会議員に要求し、議員たちがそれに応えるという場である。院外と院内の接続の場として院内集会が位置づけられるはずだが、実際には議員本人が最初から最後まで参加し、人びとの声に耳を傾けることは珍しい。会期中は多忙であることも理由ではあるが、五―一〇分程度参加し、発言だけして帰る議員も少なくない。これでは人びとの声を聴く場ではなく、議員のアピールの場に転じてしまう。もっとも、院内集会に参加するだけでも真面目なほうであり、立法活動より地元活動を優先させる議員は少なくないのである。院内集会をはじめとして、議員と市民たちの結社を取り結ぶ無数の回路を開通させなければ、結局のところ私たちの「声」は「音」と扱われてしまうだろう。

例えば、DV法の第一次改正(二〇〇四年)は「当事者立法」あるいは「市民立法」と呼ばれたように、当事者が立法に関わり、その声が法律に反映された貴重な例であった[DV法を改正しようネットワーク二〇〇六]。また、金曜官邸前抗議行動を主催してきた首都圏反原発連合は、七月二九日の二〇万人による国会包囲の後、八月二二日に野田首相に再稼働反対などの申し入れを行った。民主党政権は九月一四日に「二〇三〇年代には原発稼動ゼロ」とする閣議決定を行ったが、これは明らかにデモの成果としてもたらされたものだった(小熊英二監督の映画『首相官邸の前で』二〇一五年)。こうした院内と院外の接続の事例を増やし、またその成果を市民社会が認識し共有していくことが必要なのだ。

もっとも、代表者である議員が、「声」を「声」として認知するかどうかは個人差が大きいのが実情である。筆者自身が国会議員の聞き取り調査をしてきて感じるのは、議員の代表観にはいくつかのバリエーションがあるということだ。

「女性議員は女性を代表するのか」という問題意識の下、二〇一二―一四年に女性国会議員経験者にインタビューした際、ある議員は「自分は誰かを代表しているわけではない。自分の信念に従って判断をしている」と述べ、また別の議員は「基本的に陳情団体とは一切会いません。私は自分の感度で考えて、必要なものを、自分がやらなければならないことを、自分しかできないものをやってきたので、誰かの声を聴くときは、ある程度固まった時のヒアリングで、バランスよく(さまざまな）団体から聴きます。つながりは一切持ってません」と語った。

自分が正しいと思うことを自分で判断するというのは、本書がこれまで論じてきた命令委任や信託といった関係性とは異なる。こうした代表のあり方は、ジェーン・マンスブリッジにいわせると「回転機のような代表」となる[Mansbridge 2003]。代表者はさながら回転機のごとく自らの軸を中心に回るのであり、自分自身の信念や価値観に従って行動する。およそ有権者に応答的な存在ではない。有権者もまた、代表者がどのような人物であるかを属性や経歴などから判断して投票するのである。一九八〇年代の研究では、アメリカでは四分の三ほどの議員がこうした「回転機のような代表」であるとの指摘もある。「回転機のような代表」が本当にそれほど多いのだとすると、議員の多様性が確保されることが、代表制民主主義を機能させるためには何よりも重要だということになる。

他方、女性議員のインタビューでは、こうした代表観とは異なる見方をする議員の意見を聴くこともできた。

「私はもっぱら自分で何かやりたくて（政治家に）なったわけじゃないんです。基本的に私は法律屋だと思ってますから、皆様からご注文をいただいて法律を形にしていくのが自分の仕事です。自分に何か持っているとバイアスがかかってよくないですよ。人びとにとっていいことも、自分の信念で嫌だと思ったら、それを受け入れなくなっちゃうから、それは本来国会議員として違うんじゃないかと思っています」。

こうした代表観は先の「回転機のような代表」とは対照的である。命令委任、すなわち本人－代理人関係に近いものと理解できる。では、「皆様からのご注文」はどこから届くのだろうか。一つは地元選挙区であろう。かつて盛んであった自民党の後援会活動というのは、まさしく支援者の声を吸い上げる機能を持っていた。民主主義の観点からは後援会活動が一概に否定されるものではないが、問題なのはそこで代表される利益の偏りと固定化である。地域でまとまっている利益は表出されやすく、それは多くの場合はその地域における経済利益であり、公共事業を通じた雇用の確保であった。

では、地域性を持たない利益はどうなるのだろうか。全国的に組織された大きな団体は、献金や票の提供を梃子に、議員に対して「注文」を出すことが可能であろう。こうした代表のあり方をマンスブリッジは「代替に基づく代表」と呼ぶ。アメリカのように小選挙区しか存在しない場合、地域性を持たない利益は団体を結成して、議員が「代替に基づく代表」となることを求めるのである。ここでは献金を通じて影響力を確保することになるため、票を通じた影響力行使と比べて、政治的不平等の度合いが高い。日本では参議院比例区において「代替に基づく代表」がよく見られる。

地域性を持たず、資金力もない場合はどうなるだろうか。ここから取りこぼされた声を届けていくには、やはり結社が必要である。日本の団体は一般的に、規模が小さく、少ない予算とスタッフで、草の根的に地域で活動していることが多い［ペッカネン二〇〇八］。全国規模の市民団体はあまり存在しないのである。このことは、日本の市民社会が弱いというよりも、参加者が対面での交流を望み、主体的に活動に取り組むことに意義を見出しているからかもしれない。団体に求めるものが、目的を達成するための手段というよりも帰属の場であるならば、全国版の大型組織ではなく地域密着型の組織が好まれるのも理解できる。ただし、国政政党を振り向かせるためには、全国的なネットワークが必要であり、効果的なロビー活動を展開するためには個別の団体をつなぐ中核的存在が不可欠である。

代表される人びとと代表者(議員)とのあいだの回路を太くし、また数多く開拓していくには、より効果的に声を届ける術を私たち自身が開発していく必要があるだろう。そして、受け手である議員が積極的に人びととの対話に出かけ、声を拾い上げるようになるには、声を聴き届けたことへの報酬として選挙での票につながるような循環構造を生み出さなくてはならない。ここでは、「予想に基づく代表」であれ、「回転機のような代表」であれ、落選するかもしれないという可能性を作り出すことで、代表すべき人びとの存在を議員に気づかせることが必要なのである。

競争と双方向コミュニケーション

民主主義の原則が何であるかについて、本書ではさまざまな箇所で触れてきた。「市民の要求に対し、政府が政治的に公平に、つねに責任をもって答えること」[ダール二〇一四：八]という要件から考えると、「責任政党政府」が形成されなければならず、それには「実質的な競争」と「包括的な参加」が不可欠であることを論じてきた。参加の回路が広がったあとは、政党が実質的な競争を繰り広げることで権力の抑制を図ると同時に、有権者が落選の可能性を作り出すことで政府の応答性を引き出すことが重要になってくる。

「実質的競争型民主主義」の実現のためには、政党が社会に根差している必要があり、その意味で競争と参加は別個のものではなく、参加の高まりが競争の実質化をもたらすのである。

人びとが何を「注文する」のかは、実はそれほど自明ではない。社会には多様な人びとが暮らし、それぞれに異なる価値観や経験に根差して異なる利益、意見、視点を持っている。そうした多様性を集約し、いくつかの選択肢にまとめあげる機能を担っているのが政党である。政党が提示した選択肢に対して有権者は一票を投じることで負託するわけであるが、代表者に対して何を負託したのかは、常に問うていく必要がある。

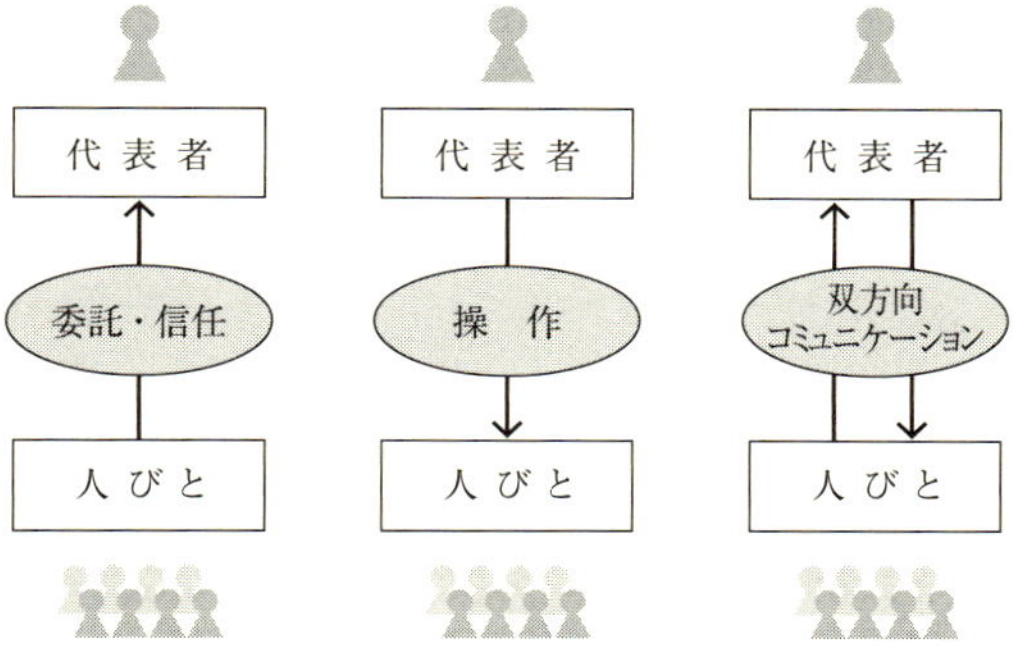

図1　人びとと代表者との関係性

「約束に基づいた代表」であれば、選挙における公約が負託の内容となる。だからこそ、政党が行う利益集約が重要になってくるのである。しかしながら、実際には有権者は政党の業績に基づいて投票し、代表者も次回の選挙での評価を意識しながら言動する「予想に基づいた代表」が行われている。ここでは過去の選挙における約束に縛られるのではなく、事態の変化に応じて負託の内容を常に発見していくことになる。

民主主義の観点から問題になるのは、代表者が負託の内容を勝手に作り上げ、人びとを操作することによって押し付けるときである。カルテル政党とはまさにそのような政党のあり方である。

図1に示したように、人びとと代表者との関係性は、伝統

的には委任・信託のように一方向で考えられてきた。カルテル政党はこの矢印が逆転したものである。この二つのモデルに対して、人びとと代表者とのあいだが双方向コミュニケーションでつながれている関係性も構想しえよう。

事態や環境が変化し、利益が何であるのかが容易に見出せないような場合、利益集約するだけでは充分に人びとの声を拾い上げたとはいえず、代表者と代表される人びとが双方向でコミュニケーションをし、熟議を通じて、利益の中身を見出していく必要がある。

こうした双方向コミュニケーションが豊かになることで、それぞれの政党は社会に根を張り、さまざまな声を吸い上げ、それらをまとめ上げていくことが可能になっていく。何をより重視するかは政党によって異なるから、結果的に選挙において私たちは複数の選択肢を手に入れることができるだろう。

そして、私たちと代表者とのコミュニケーションは、選挙という一時点だけで終わるものではない。選挙と選挙のあいだに、いつでも声を届けられる回路が存在し、常に双方向のコミュニケーションが成立し、負託の内容の見直しを図る機会が豊富に存在する必要があるのだ。二〇一五年夏、日本社会では、安保関連法案に反対して数々の結社が誕生し、人びとが路上で声をあげただけではなく、国会議員に対して署名やメッセージを届ける活動が飛躍的に拡大した。平和主義を守るためには代表制民主主義の再生が不可欠であることに気づいた無数の市民の能動的な活動によって、代表者と人びととの関係性が作り直されようとしている。例えば、国会議員の言動を簡単に知ることができたり、あるいは国会議員に対して簡単にファックスやメールを送ったりする仕組みやインターネットのサイトがすでに誕生している。市民側の働きかけでコミュニケーションの回路は確実に増えつつある。

国会議員もまた、こうした市民社会の変容に敏感にならざるを得ないだろう。参議院本会議で鴻池《こうの》祥肇《いけよしただ》委員長の問責決議（二〇一五年九月一八日）の賛成答弁をした民主党の福山哲郎は「国会の外と、国会の中で、これほど国民と政治がつながった経験をしたことがありません」と述べた。実際、同時刻に国会前では「福山、がんばれ」という応援コールが鳴り響いていた。私たちと向き合い、コミュニケーションをとろうとする人たちが代表者として選出されていく流れができあがれば、日本の代表制民主主義は再生へと向かうだろう。

多様性の確保と性別比例の原則

「私たち抜きに私たちのことは決めないで！」という障がい者たちが求めた原則は、あらゆる当事者に当てはまるものである。「参加」の回路を充実させ、政党の「競争」を活発化させるのと同時に、「多様性」にも目を向けて、多様な人びとが参加でき、また多様な人びとが代表することを可能にする仕組みを導入していく必要がある。

代表者の多様性の観点からは、男女の不均衡を早急に是正する必要があるだろう。二〇一五年九月時点で下院における女性議員比率が一〇％に満たない国は三七カ国あり、日本はその一つである。一九〇カ国のうち一五五位という順位は、先進国で最低というだけではなく、全世界的に見て最低ランクにあることを意味している。女性議員比率の世界平均は二二％であるが、二割を超えるに至ったのは、女性議員比率が民主主義のバロメーターであるとの理解が広がり、そして女性議員の出馬を妨げる壁の存在が認識されるようになったため、クオータ（割当制）が普及したからである。

女性議員誕生の障壁となっているのは、性別役割分担に端を発して、家族の支援が得られにくいこと、議員活動と子育てが両立しにくいこと、有権者も伝統的な性別役割を押し付けてくることがある。さらには男らしさのステレオ・タイプと政治家としての資質が結びつけて捉えられる場合が多いため、女性政治家が権力を志向し、強さを押し出せば、女らしさに欠けるとの否定的な評価を受ける「二重拘束」の問題もある。また、女性政治家は容姿や身なりに関して注目を浴びることが多く、そうした点に関する報道は政治家としての女性の資質はまず外見であるかのような理解を再生産させる。セクシュアル・ハラスメントを経験する女性議員は多く、民主主義の最前線である選挙や議会において、深刻な性差別が存在しているのである。

こうした障壁を前提とすれば、女性議員を積極的に増やすための特別措置を講じる必要性は理解されよう。具体的には議席や候補者の一定比率を女性もしくは両性に割り当てるクオータが一九九〇年代後半以降急速に増え、現在では一四〇カ国以上で何らかのクオータが実施されている［三浦・衛藤二〇一四］。

日本における女性議員比率はあまりに低く、特別措置なしに世界平均に追いつくことはもはや不可能である。加えて、近年では女性比率の目標値を三〇％から五〇％に引き上げる傾向が国際的に見出され、世界平均も今後さらに上昇していくことになろう。何もしなければ、日本と世界との差はますます開くことになる。

女性あるいは男女に対して割り当てる比率はさまざまな値をとり得るが、近年ではパリテ（男女同数規定）の考え方が広がりつつある。クオータはマイノリティが代表されるための手段であり、女性差別に対処する一時的な特別措置として正当化されてきた。それに対して、パリテは民主主義の原則そのものであり、良いガバナンスの恒常的な特色として捉える考え方である。女性は人口比では男性よりやや多いという意味ではマイノリティではなく、また少数民族のような特別のカテゴリーを形成しているわけではない。このように考えていくと、特別枠を設けることは実態と馴染まないため、人口比に即して男女で権力を分担すべきであるという発想につながっていく。人口比に基づく以上、男女比は五〇／五〇が原則となり、もう少し緩く適用すると四〇／六〇から六〇／四〇のあいだをとることになる。パリテは議会に限らずあらゆる政府機関や意思決定機関において実施されるべき普遍原則となり得る。

パリテの先駆けはフランスである。二〇〇〇年にパリテ法が制定され、政党が擁立する候補者の男女同数規定が盛り込まれ、二〇〇二年にはベルギーでも比例名簿への男女同数規定が導入された。スペインでは二〇〇七年より政党が擁立する候補者は両性とも四〇％以上とする規定が置かれている。さらには、国連の下部機関である国連ラテンアメリカ・カリブ経済委員会（ＥＣＬＡＣ）が二〇〇七年に採択したキト・コンセンサスでは、パリテが民主主義の原動力の一つであること、また女性の構造的排除の撤廃が目的であることが盛り込まれた。[2]これを契機に、法的クオータが普及して

（2）　http://www.cepal.org/publicaciones/xml/5/29555/dsc1i.pdf

いたラテンアメリカでは、クオータからパリテへと移行する事例が続出し、二〇一四年五月時点で七カ国――エクアドル、ボリビア、コスタリカ、ホンデュラス、メキシコ、ニカラグア、パナマ――においてパリテ法が導入され、議会における男女比五〇／五〇が義務づけられている。なかには行政府やその他の国家機関に適用される国もある[Piscopo 2014]。

ジェンダー平等に向けた国際的合意である北京宣言・北京行動綱領採択から二〇周年の二〇一五年に、国連は「地球を50 - 50に――ジェンダー平等を加速させよう」のキャンペーンを立ち上げ、二〇三〇年までに完全に男女同数とする目標を掲げた。北京行動綱領は「女性の権利は人権である」ことを確認した画期的文書であるが、パリテにまで踏み込むことができなかったことを考えると、国際社会における議論は二〇年かけてパリテへと進化してきたことが分かる。

では、日本の議会における極端なまでの男女不均衡はどのように解消していけばよいのだろうか。憲法に規定される両性の平等を実現するためには、日本においてもパリテを理念規定として定め、その下で各政党が段階的にクオータやパリテを実施する仕組みを導入すべきであろう。

「性別比例の原則」は代表が人口における性別に比例的になることを求めるものであり、最も厳格に解釈すれば男女同数となるが、四〇／六〇から六〇／四〇のあいだで適用することも可能である。重要な点は、両性に対して等しく規制をかけるものであり、女性枠という考え方に立っていないことである。そして、男女に関しては同数を原則とするが、性別という表現は第三の性の政治代表に関しても門戸を開くものである。

では、私たちは、「意思決定において男女が平等に参画し、責任を分かち合うことは、民主主義の基本原則である」と考えられるだろうか。実態として女性が排除されているなかで成り立つ意思決定が民主的であるとは、到底いえないであろう。女性ゼロ議会に民主的正統性がないのはもちろんであるが、女性が一人二人参加していたとしても、意思決定に与える影響力は限定的だ。男女の人口比にある程度比例する水準で参加をすることが保障されてはじめて民主的正統性を認めることができるのではないだろうか。

一九世紀、女性が参政権を得ていたのはニュージーランドだけであった。二〇世紀においてようやく女性の参政権は普遍的なものとして確立する。二一世紀の民主主義は、さらに深化して、意思決定における男女平等が普遍原則として確立していく段階に入っている。こうした歴史的・世界的な潮流のなかで、日本社会はどのような民主主義を選び取るのだろうか。

大切なことは、意思決定における男女の不均衡の解消は、女性の政治参画向上にとどまるものではないということである。女性議員が増えることにより、女性のなかの多様性もより代表されるようになるだろうが、今まで以上の競争に晒される男性議員もまた、多様性の観点から厳しくチェックされるようになるだろう。私たちが生きていくなかで身につけた知識、経験、視点は、私たちの社会が多様な人びとから構成されている以上、実にさまざまなはずである。こうした私たちのそれぞれの生に根差した異なる声を政策に反映させるためには、代表者もまた多様であるべきなのだ。

男女の不均衡を解消していく過程で、異なる身体的経験に基づく政治的要求は今まで以上に聴き届けられるようになるだろう。二〇一五年夏に見られた日本の平和主義の再興は、「だれの子どもも、ころさせない」という言葉が象徴するように、身体性に根差している。身体的な痛みを伴う自分自身の経験と他者のそれへの想像力が平和への思いを下支えしている。とりわけ政治的代表性を得る機会の少なかった女性たちが、不断の努力で政治と関わり始めている。

そもそも、私たちの生にまつわるあらゆる問題は政治の問題だ。したがって、パリテのその先にある世界は、「個人的なことは政治的である」ことが当たり前となる社会なのだ。主権者意識がこうして変革されることによって、代表制民主主義の刷新を伴いながら、日本が抱えるケアの公平な分担問題もようやく解決の道へと向かっていくことができるだろう。

引用文献

Bachrach, Peter and Morton S. Baratz [1970] *Power and Poverty: Theory and Practice*. New York: Oxford University Press.

Bäckstrand, Karin, J. Khan, and Annica Kronsell eds. [2010] *Environmental Politics and Deliberative Democracy: Examining the Promise of New Modes of Governance*. Cheltenham: Edward Elgar Publishing.

Blyth, Mark and Richard S. Katz [2010] "From Catch-all Politics to Cartelisation: The Political Economy of the Cartel Party," *West European Politics*. 28(1): 33–60.

Campbell, Andrea Louise [2010] "The Public's Role in Winner-Take-All Politics," *Politics & Society*. 38: 227–232, doi:10.1177/0032329210365046.

Cox, Gary [1997] *Making Votes Count: Strategic Coordination in the World's Electoral Systems*. Cambridge: Cambridge University Press.

Dingwerth, Klaus [2007] *The New Transnationalism: Transnational Governance and Democratic Legitimacy*. Basingstoke: Palgrave Macmillan.

Gilens, Martin [2012] *Affluence and Influence: Economic Inequality and Political Power in America*. Princeton: Princeton University Press.

Hacker, Jacob S. and Paul Pierson [2010] *Winner-Take-All Politics: How Washington Made the Rich Richer —And Turned Its Back on the Middle Class*. New York: Simon & Schuster.

Holiday, Ian [2000] "Productivist Welfare Capitalism: Social Policy in East Asia," *Political Studies*. 48: 706–723.

Katz, Richard S. and Peter Mair [1995] "Changing Model of Party Organization and Party Democracy: The Emergence of the Cartel Party," *Party Politics*. 1(1): 5–28.

Krauss, Ellis S. and Robert J. Pekkanen [2011] *The Rise and Fall of Japan's LDP: Political Party Organizations as Historical Institutions*. Ithaca: Cornell University Press.

Levi, Margaret [2003] "Organizing Power: The Prospects for an American Labor Movement," *PS*. 1 (1): 45–68.

Mair, Peter [2008] "The Challenge to Party Government," *West European Politics*. 31(1/2): 211–234.

Mansbridge, Jane [1999] "Should Blacks Represent Blacks and Women Represent Women? A Contingent Yes," *The Journal of Politics*. 61(3): 628–657.

——[2003] "Rethinking Representation," *American Political Science Review*. 97(4): 515–528.

Miura, Mari [2012] *Conservative Ideas, Partisan Dynamics, and Social Protection in Japan*. Ithaca: Cornell University Press.

Moser, Robert G. and Ethan Scheiner [2012] *Electoral Systems and Political Context: How the Effects of Rules Vary Across New and Established Democracies*. Cambridge: Cambridge University Press.

OECD(Organisation for Economic Co-operation and Development)[2006] *Economic Survey of Japan 2006: Income Inequality, Poverty and Social Spending* (http://www.oecd.org/japan/economicsurveyofjapan2006incomeinequalitypovertyandsocialspending.htm).

——[2014] *Society at a Glance*. doi: 10.1787/soc_glance-2014-en.

Pempel, T. J. and Keiichi Tsunekawa [1979] "Corporatism without Labor?" in Philippe C. Schmitter and Gerhard Lehmbruch eds., *Trends toward Corporatist Intermediation*. London: Sage.

Phillips, Anne [1995] *The Politics of Presence: The Political Representation of Gender, Ethnicity, and Race*. Oxford: Clarendon Press.

——[1998] "Democracy and Representation: Or, Why Should it Matter Who Our Representatives Are?" in

Feminism and Politics. New York: Oxford University Press, 224-240.
Piscopo, Jennifer M. [2014] *Rights, Equality, and Democracy: The Shift from Quotas to Parity in Latin America*. Robert Schuman Centre for Advanced Studies Research Paper No. 87.
Pitkin, Hanna [1967] *The Concept of Representation*. Berkeley: University of California Press.
Shapiro, Ian [2002] "The State of Democratic Theory," in Ira Katznelson and Helen V. Milner eds., *Political Science: State of the Discipline*. New York: W. W. Norton & Company.
Therborn, Göran [2013] *The Killing Fields of Inequality*. Cambridge: Polity.
Thomassen, Jacques [1994] "Empirical Research into Political Representation: Failing Democracy or Failing Models?" in M. Kent Jennings and Thomas E. Mann eds., *Elections at Home and Abroad: Essays in Honor of Warren Miller*. Ann Arbor: Michigan University Press, 237-263.
Tronto, Joan C. [2013] *Caring Democracy: Markets, Equality, and Justice*. New York: New York University Press.
Vieira, Mónica Brito and David Runciman [2008] *Representation*. Cambridge: Polity.
Whitaker, Lois Duke. ed. [2008] *Voting the Gender Gap*. Urbana: University of Illinoi Press.
Wilson, J.Q. ed. [1980] *The Politics of Regulation*. New York: Basic Books.
Young, Iris Marion [1994] "Gender as Seriality: Thinking about Women as a Social Collective," *Signs: Journal of Women in Culture and Society*. 19(3): 713-737.
——[2003] "Activist Challenges to Deliberative Democracy," in James Fishkin and Peter Laslett, eds., *Debating Deliberative Democracy*. Malden: Blackwell Publishing, 102-120.

青木昌彦・奥野正寛・岡崎哲二編著［一九九九］『市場の役割国家の役割』東洋経済新報社
芦部信喜［一九七一］『憲法と議会政』東京大学出版会
阿部彩［二〇一四］「相対的貧困率の動向――二〇〇六、二〇〇九、二〇一二年」貧困統計ホームページ

（http://www.hinkonstat.net/平成二五年国民生活基礎調査を用いた相対的貧困率の動向の分析／最終アクセス：二〇一四年一一月二三日）
飯尾潤［二〇〇七］『日本の統治構造――官僚内閣制から議院内閣制へ』中公新書
井手英策［二〇一二］『財政赤字の淵源――寛容な社会の条件を考える』有斐閣
――［二〇一五］「増税の先送りに何を学ぶのか」『生活経済政策』第二一九号、三―九頁
猪口孝［一九八三］『現代日本政治経済の構図――政府と市場』東洋経済新報社
エスピン＝アンデルセン、G［二〇〇一］『福祉資本主義の三つの世界――比較福祉国家の理論と動態』岡沢憲芙・宮本太郎監訳、ミネルヴァ書房
NHK「永田町　権力の興亡」取材班［二〇一〇］『証言ドキュメント　永田町　権力の興亡――一九九三―二〇〇九』NHK出版
NHK放送文化研究所［二〇一五］『現代日本人の意識構造　第八版』NHK出版
大沢真理［二〇一三］『生活保障のガバナンス――ジェンダーとお金の流れで読み解く』有斐閣
大島秀利［二〇一一］『アスベスト――広がる被害』岩波新書
大嶽秀夫［一九七九］『現代日本の政治権力経済権力』三一書房
――［一九九九］『日本政治の対立軸――九三年以降の政界再編の中で』中公新書
大山礼子［二〇一一］『日本の国会――審議する立法府へ』岩波新書
岡田信弘［二〇〇八］「代表民主制の構造」大石眞・石川健治編『憲法の争点』有斐閣、二四―二七頁
小川晃一［一九八六］「政治的代表の論理」『北大法学論集』第三七巻第一号
――［一九八八］「政治的代表の論理（二・完）」『北大法学論集』第三九巻第三号
小沢一郎［一九九三］『日本改造計画』講談社
オルソン、マンサー［一九九六］『集合行為論――公共財と集団理論』依田博・森脇俊雅訳、ミネルヴァ書房
影浦峡［二〇一三］『信頼の条件――原発事故をめぐることば』岩波書店
粕谷祐子［二〇一五］「「一票の格差」をめぐる規範理論と実証分析――日本での議論は何が問題なのか」『年報

政治学Ⅰ』九〇―一一七頁
上川龍之進［二〇一〇］『小泉改革の政治学――小泉純一郎は本当に「強い首相」だったのか』東洋経済新報社
久米郁夫［一九九八］『日本型労使関係の成功――戦後和解の政治経済学』有斐閣
クラウチ、コリン［二〇〇七］『ポスト・デモクラシー――格差拡大の政策を生む政治構造』山口二郎監修、近藤隆文訳、青灯社
古賀純一郎［二〇〇〇］『経団連――日本を動かす財界シンクタンク』新潮社
五野井郁夫［二〇一二］『「デモ」とは何か――変貌する直接民主主義』ＮＨＫ出版
斎藤貴男［二〇一〇］『消費税のカラクリ』講談社現代新書
坂本治也［二〇一〇］「市民社会組織のもう一つの顔――ソーシャル・キャピタル論からの分析」辻中豊・森裕城編著『現代社会集団の政治機能』木鐸社、二八七―三〇二頁
佐々木憲昭［二〇〇七］『変貌する財界――日本経団連の分析』新日本出版社
佐藤誠三郎・松崎哲久［一九八六］『自民党政権』中央公論社
シャピロ、イアン［二〇一〇］『民主主義理論の現在』中道寿一訳、慶應義塾大学出版会
シュミッター、Ph. C、G・レームブルッフ編［一九八四］『団体統合主義の政治とその理論』山口定監訳、木鐸社
シュミット、カール［二〇一五］『現代議会主義の精神史的状況　他一篇』樋口陽一訳、岩波文庫
シュムペーター、ヨーゼフ［一九九五］『資本主義・社会主義・民主主義　新装版』中山伊知郎・東畑精一訳、東洋経済新報社
ジョンソン、チャーマーズ［一九八二］『通産省と日本の奇跡』矢野俊比古監訳、ＴＢＳブリタニカ
杉原泰雄［一九八三］『国民主権と国民代表制』有斐閣
スティグラー、ジョージ・J［一九八一］『小さな政府の経済学――規制と競争』余語将尊・宇佐見泰生訳、東洋経済新報社
スティール若希［二〇一四］「多様な政治的アイデンティティとクオータ制の広がり――日本の事例から」早川

美也子訳、三浦まり・衛藤幹子編[二〇一四]
ダウンズ、アンソニー[一九八〇]『民主主義の経済理論』古田精司監訳、成文堂
田村哲樹[二〇〇八]『熟議の理由――民主主義の政治理論』勁草書房
ダール、ロバート・A[二〇一四]『ポリアーキー』高畠通敏・前田脩訳、岩波文庫
辻中豊・森裕城編[二〇一〇]『現代社会集団の政治機能――利益団体と市民社会』木鐸社
辻村みよ子[二〇一五]『選挙権と国民主権――政治を市民の手に取り戻すために』日本評論社
DV法を改正しよう全国ネットワーク編著[二〇〇六]『国会が「当事者」に門を開いた三六五日 女性たちが変えたDV法』新水社
テイラー、チャールズほか[一九九六]『マルチカルチュラリズム』佐々木毅・辻康夫・向山恭一訳、岩波書店
ドーア、ロナルド[二〇〇六]『誰のための会社にするか』岩波新書
トクヴィル[二〇〇五―〇八]『アメリカのデモクラシー』(全四巻) 松本礼二訳、岩波文庫
中北浩爾[二〇一二]『現代日本の政党デモクラシー』岩波新書
――[二〇一四]『自民党政治の変容』NHK出版
中野晃一[二〇一三]『戦後日本の国家保守主義――内務・自治官僚の軌跡』岩波書店
――[二〇一五]『右傾化する日本政治』岩波新書
西澤真理子[二〇一三]『リスクコミュニケーション』エネルギーフォーラム新書
二宮周平[二〇一〇]「新しい家族が求める「自由」――家族法の視点から」岡野八代編『自由への問い7 家族――新しい「親密圏」を求めて』岩波書店、六〇―八四頁
糠塚康江[二〇〇八]「国民代表の概念」大石眞・石川健治編『憲法の争点』有斐閣
野間易通[二〇一二]『金曜官邸前抗議――デモの声が政治を変える』河出書房新社
バーク、エドマンド[一九七三]『アメリカ論 ブリストル演説 エドマンド・バーク著作集第二巻』中野好之訳、みすず書房
ハーシュマン、A・O[二〇〇五]『離脱・発言・忠誠――企業・組織・国家における衰退への反応』矢野修一

訳、ミネルヴァ書房
鳩山由起夫［二〇〇九］「私の政治哲学――祖父・一郎に学んだ「友愛」という戦いの旗印」『Voice』九月号一三二―一四一頁
濵田江里子［二〇一四］「二一世紀における福祉国家のあり方と社会政策の役割――社会的投資アプローチ（social investment strategy）の検討を通じて」『上智法学論集』第五八巻第一号、一三七―一五八頁
早川誠［二〇一四］『代表制という思想』風行社
パリエ、ブルーノ［二〇一四］「社会的投資――福祉国家の新しいパラダイム」濵田江里子訳、『生活経済政策』第二一四号、六―一三頁
樋口陽一［一九九八］『憲法Ⅰ』青林書院
フレイザー、ナンシー［二〇〇三］『中断された正義――「ポスト社会主義的」条件をめぐる批判的省察』仲正昌樹監訳、ギブソン松井佳子ほか訳、御茶の水書房
ペッカネン、ロバート［二〇〇八］『日本における市民社会の二重構造――政策提言なきメンバー達』佐々田博教訳、木鐸社
ボッビオ、ノルベルト［一九九八］『右と左――政治的区別の理由と意味』片桐薫・片桐圭子訳、御茶の水書房
三浦まり［二〇〇三］「労働市場規制と福祉国家――国際比較と日本の位置づけ」埋橋孝文編著『比較のなかの福祉国家　講座・福祉国家のゆくえ2』ミネルヴァ書房
――［二〇一三］「政権交代とカルテル政党化現象――民主党政権下における子ども・子育て支援政策」『レヴァイアサン』秋号、三五―三六頁
――［二〇一四a］「社会的投資戦略は日本の危機への切り札」『生活経済政策』第二一四号、三―五頁
――［二〇一四b］「女性「活躍」推進の罠」『世界』第八六七号、五二―五八頁
――［二〇一四c］「民主党政権下における連合――政策活動と社会的労働運動の分断を乗り越えて」伊藤光利・宮本太郎編『民主党政権の挑戦と挫折――その経験から何を学ぶか』日本経済評論社、一七一―一九四頁

——［二〇一五］「新自由主義的母性——「女性の活躍」政策の矛盾」『ジェンダー研究』第一八号、五三—六八頁
三浦まり・衛藤幹子編［二〇一四］『ジェンダー・クオータ——世界の女性議員はなぜ増えたのか』明石書店
三浦まり・濵田江里子［二〇一二］「能力開発国家への道——ワークフェア／アクティベーションによる福祉国家の再編」『上智法学論集』第五六巻第二・三号、一—三五頁
三浦まり・宮本太郎［二〇一四］「民主党政権下における雇用・福祉レジーム転換の模索」伊藤光利・宮本太郎編『民主党政権の挑戦と挫折——その経験から何を学ぶか』日本経済評論社、五三—九〇頁
村松岐夫・伊藤光利・辻中豊［一九八六］『戦後日本の圧力団体』東洋経済新報社
山口二郎［一九八七］『大蔵官僚支配の終焉』岩波書店
読売新聞政治部編著［二〇一四］『基礎からわかる選挙制度改革』信山社
レイプハルト、アレンド［二〇〇五］『民主主義対民主主義——多数決型とコンセンサス型の三六カ国比較研究』粕谷祐子訳、勁草書房
綿貫譲治［一九七六］『日本政治の分析視角』中央公論社

おわりに

二〇一五年の夏が終わり、違憲であることが明白な安全保障関連法は議会手続上の瑕疵を残したまま成立した。各種世論調査において、政府の説明が不充分と答える人が八割近くにのぼっているにもかかわらず、アメリカとの「約束」を果たすために、法案の採決が強行されたのである。

憲法改正を経ないで集団的自衛権の行使を認めるためには、立憲主義を破壊せざるを得ず、また、日本社会に根付いた平和主義を引っこ抜こうとするには、民主主義を蹂躙するしかなかった。しかしながら、路上には希望が溢れている。平和主義、立憲主義、民主主義のすべてを同時に冒瀆する政権が現れたことにより、日本社会の主権者意識が急速な勢いで高まったからだ。国会が民意を代表していないことは誰の目にも明白であり、安保関連法の是非を超えて、機能不全に陥った代表制民主主義をどう立て直すかが喫緊の課題であると市民社会で認識されている。本書はこの問題に答えようとするものであり、今後議論を深めるうえで貢献できるとしたら、何よりも嬉しい。

本書は二〇一五年二月には書き終えているはずであったが、日本の民主主義の行く末に気持ちも塞ぎ、二〇一四年一二月になるまで書き始めることさえできなかった。しかし、二〇一五年の春に六週間滞在したニュージーランド・オークランド大学にて主要な部分を執筆し、七月に脱稿した時には、自分でも驚くほど希望の道筋が見えてくるようになってきた。

そして八―九月の日本社会の変容は想像をはるかに超えるものだった。九月の初校校正の際には大幅に加筆し、二〇一五年夏の経験を代表制民主主義論のなかに意味づけたつもりである。

すでに落選運動や野党共闘の動きが出ているが、本書でも「落選する可能性」を作り出さなくては、権力を抑制したり、応答性を引き出したりすることはできないことを指摘した。そして、政党間の「競争」を高めるためには、政党エリートの競合が激しくなるだけでは不充分であり、私たちの「参加」が不可欠であることを論じた。日本の市民社会の急速な成熟は「参加」の質と量を高めていくに違いない。これがうまく政党間の「競争」へと接続されていけば、代表制民主主義の再生へと歯車が回り始めるだろう。逆の言い方をすれば、「参加」を「競争」へと結びつける努力を、市民も政党も行わなければならないということである。

「競争」と「参加」は民主主義を構成する不可欠な要素であるが、本書では「多様性」も極めて重要であることを強調した。国政も地方も、議員構成に多様性が欠落していることが、日本の代表制民主主義を窒息させている。世襲議員の多さや官僚など前職の偏りもさることながら、極端な性別不均衡は先進民主国とは呼べないレベルである。

議会が圧倒的な男性支配社会であるがために、日本社会が被るデメリットは計り知れない。セクハラ・ヤジに象徴されるように女性蔑視の政治文化が再生産され、女性に対する暴力の根絶も遠のく。家事やケアなどの主に女性が担ってきた仕事が過小評価され、それは非正規雇用や貧困を作り出していく。少子化、ケア不足、貧困の世代間連鎖、環境問題などが置き去りにされ、持続可能な社会を日本が構築できないのは、女性の声が反映されていないことが一因である。

今後展開されるであろう「参加」と「競争」を充実させるさまざまな試みにおいて、「多様性」を忘れ去り、国政の一大事を前に女・子どもの問題は二の次であるとするならば、私たちは代表制民主主義を充分には再生させることができないだろう。むしろ、議会における男女比を同数に近づけていくことが、再生に向けての核心にあるとさえいえるのだ。

実際、女性たちの政治参画は3・11以降着実に広がっている。その一端に触れた経験を持つ私からすると、静かに地殻変動が起きていると感じられるほどだ。政党はまだこうした動きを受け止めきれていないし、政治の表舞台にもまだ現れていないが、主権者意識に目覚めた女性たちがしなやかに政治に関わり続けることで、日本の民主主義文化は刷新されていくだろう。

本書を書き終えて、私自身よりよい未来に向かう道筋が見えている気がするのは、一歩踏み出した女性たちに出会ってきたからである。彼女たちの身体性に根差した政治への眼差しは、日常と政治とを直結させ、政治参加への敷居を確実に下げていくだろう。彼女たちとの出会いに感謝すると同時に、動き始めている無数の女性たちに改めて敬意を表したい。

本書の執筆にあたり、たくさんの方々のお世話になりました。本書は、科学研究費基盤研究(C)「官邸主導時代の審議会の研究——「小さな政府」を志向する多数派支配型の政策過程」(研究代表：三浦まり、19530114)および科学研究費基盤研究(C)「女性国会議員の質的代表性に関する研究」(研究代表：三浦まり、24530148)の助成を得た研究成果の一部です。女性の政治代表性に関して、科研費の共同研究を通じて、目黒依子、橋本ヒロ子、竹安栄子、進藤久美子、国広陽子、大山七穂、申琪《シンキ》榮《ヨン》、スティール若希の各先生との刺激的な議論によって考えを深めることができました。また、連合総研での民主党や連合に関する共同研究を通じて、伊藤光利、宮本太郎、篠田徹、中北浩爾、北村亘、上川龍之進の各先生、龍井葉二さん、小島茂さんにお世話になりました。さらに、九六条の会と立憲デモクラシーの会の故奥平康弘先生、樋口陽一先生、山口二郎先生をはじめとする呼びかけ人の先生方からはたくさんのことを教えていただきました。会の活動を通じて、数少ない女性政治学者の岡野八代さんとご一緒する機会が増え、勇気づけられてきました。そして、私が民主主義論に接したきっかけは学部時代のゼミにあります。曽根泰教先生の学恩に深く感謝申し上げます。

また、編集者の藤田紀子さんには大変お世話になりました。締切が迫ると何度か藤田さんの夢を見て、実際数日後にはメールを頂戴し、ごめんなさいと状況を説明することの繰り返しでしたが、寛容に接してくださってありがたく思います。夫の中野晃一と息子の日々の支えにも感謝します。共に歩んでいくなかで、考えを深めていくことができました。

これからも、二〇一五年の夏に日本社会が経験した変容をより深めていくために、努力を続けたいと思います。

子どもたちの明るい笑顔が続きますように。

二〇一五年九月二八日

三浦まり

三浦まり

1967年生まれ．上智大学法学部教授．専攻は政治学，現代日本政治論，ジェンダーと政治．慶應義塾大学大学院法学研究科およびカリフォルニア大学バークレー校大学院修了．同大学でPh.D.取得．東京大学社会科学研究所研究機関研究員等を経て，現職．

主な著作に，*Welfare Through Work: Conservative Ideas, Partisan Dynamics, and Social Protection in Japan*, Cornell UP, 2012,『ジェンダー・クオータ』(衛藤幹子と共編著，明石書店，2014年)，「労働政治のジェンダー・バイアス」(『ジェンダー社会科学の可能性 第3巻 壁を超える』辻村みよ子編，岩波書店，2011年)，「「戦争ができる国」へ向けて「女性が輝かされる」日本」(『安倍流改憲にNOを！』樋口陽一・山口二郎編，岩波書店，2015年)等がある．

岩波現代全書 078
私たちの声を議会へ──代表制民主主義の再生

2015年 11月 18日　第1刷発行
2016年 5月 16日　第2刷発行

著　者　三浦《みうら》まり

発行者　岡本　厚

発行所　株式会社 岩波書店
〒101-8002 東京都千代田区一ツ橋 2-5-5
電話案内 03-5210-4000
http://www.iwanami.co.jp/

印刷・三秀舎　カバー・半七印刷　製本・三水舎

ISBN978-4-00-029178-1　　Printed in Japan

岩波現代全書発刊に際して

いまここに到来しつつあるのはいかなる時代なのか。新しい世界への転換が実感されながらも、情況は錯綜し多様化している。先人たちは、山積する同時代の難題に直面しつつ、解を求めて学術を頼りに知的格闘を続けてきた。その学術は、いま既存の制度や細分化した学界に安住し、社会との接点を見失ってはいないだろうか。メディアは、事実を探求し真実を伝えることよりも、時流にとらわれ通念に迎合する傾向を強めてはいないだろうか。

現在に立ち向かい、未来を生きぬくために、求められる学術の条件が三つある。第一に、現代社会の裾野と標高を見極めようとする真摯な探究心である。第二に、今日的課題に向き合い、人類が営々と蓄積してきた知的公共財を汲みとる構想力である。第三に、学術とメディアと社会の間を往還するしなやかな感性である。様々な分野で研究の最前線を行く知性を見出し、諸科学の構造解析力を出版活動に活かしていくことは、必ずや「知」の基盤強化に寄与することだろう。

岩波書店創業者の岩波茂雄は、創業二〇年目の一九三三年、「現代学術の普及」を旨に「岩波全書」を発刊した。学術は同時代の人々が投げかける生々しい問題群に向き合い、公論を交わし、積極的な提言をおこなうという任務を負っていた。人々もまた学術の成果を思考と行動の糧としていた。「岩波全書」の理念を継承し、学術の初志に立ちかえり、現代の諸問題を受けとめ、全分野の最新最良の成果を、好学の読書子に送り続けていきたい。その願いを込めて、創業百年の今年、ここに「岩波現代全書」を創刊する。

（二〇一三年六月）